L'Espionnage Allemand en France

1914-1916

Pierre Téqui, Éditeur

L'Espionnage allemand

en France

Vous êtes vaillant ! c'est-à-dire vraiment
Français ; — Je vous sais personnellement
gré de votre courage.
Avec amitié,
Juliette Adam.

M. GAUDIN DE VILLAINE

SÉNATEUR DE LA MANCHE

L'Espionnage Allemand en France

1914-1916

PIERRE TÉQUI, ÉDITEUR

PRÉFACE

———

Le courageux discours de M. Gaudin de Villaine, si abondamment documenté, comportait-il une présentation?

Etait-il besoin d'expliquer l'intelligente et patriotique initiative qui, muant le discours en livre, préserve de l'oubli ses révélations et ses enseignements?

Telles sont les questions que posait à mon esprit l'aimable requête du bon éditeur Pierre Téqui.

Celui-ci a justement pensé que la publicité de l'*Officiel* ne saurait suffire à une si probante démonstration : il sait de reste, comme tout un chacun, que l'*Officiel* est introuvable les jours où il n'est pas dénué d'intérêt. Et quant à la Presse, elle est avare de sa place pour qui ne fait pas profession de balancer l'encensoir : elle est l'amie de Platon.

Imputons sa parcimonie à la crise du papier : nous nous concilierons les bonnes grâces de la Censure.

Le discours de l'honorable sénateur de la Manche constitue une page d'Histoire contemporaine : il convenait, d'une part de la détacher du fatras que balaie justement le vent de l'oubli; d'autre part de la situer, de la relier, d'enchaîner, comme on dit au théâtre.

J'apporte donc mon agrafe : contribution modeste, comme celle de l'encadreur du tableau vigoureusement brossé.

*
* *

Comme tous les grands événements historiques, la guerre de 1870-71 a enfanté de ces légendes que concrète le plus souvent un sophisme.

Après la débâcle, un malin fit cette trouvaille :

« Nous avons été battus par le maître d'école allemand. »

Le mot fit d'autant plus rapidement fortune qu'il mettait un peu de baume sur les blessures de notre amour-propre de nation guerrière. Et chacun s'en alla répétant avec conviction, sans même comprendre :

— C'est pourtant vrai : nous avons été battus par le maître d'école allemand.

Et le pays se couvrit d'écoles où l'on enseigna l'Histoire à la façon du sophiste qui avait, involontairement peut-être, présidé à leur éclosion.

Les hommes de guerre, les techniciens, ceux qui avaient jugé les événements sur les champs de bataille, et non les pieds sur les chenêts, ne se laissèrent pas prendre à ce mirage.

Ils refusèrent même d'admettre la prétendue perfection du service d'éclairage des armées allemandes: ils savaient que ces armées, dans les plus graves circonstances, avaient complètement perdu la trace de nos armées en retraite.

Comme ils n'avaient pas pour mission de juger le passé mais de préparer l'avenir, ils recherchèrent les véritables causes de notre défaite : cette divergence de vues fut peut-être le berceau de l'antagonisme entre soldats et *intellectuels*, antagonisme qui nous mit à deux doigts de la guerre civile.

Nos savants officiers arrivèrent promptement à cette conclusion que nos ennemis devaient en grande partie leur victoire à un service de renseignements merveilleusement et puissamment organisé dès le temps de paix, disons le mot, à l'espionnage.

C'est plusieurs années avant la déclaration de guerre que les véritables éclaireurs allemands avaient préparé l'invasion.

Combien de nos paysans et de nos commerçants furent alors stupéfaits en reconnaissant, dans le chef des patrouilles de uhlans, qui son ancien valet de ferme, qui son ancien commis, hâtivement partis au jour de la mobilisation!

Ces hommes avaient longuement séjourné dans notre pays, envoyant chez eux le fruit de leurs observations quotidiennes.

Grâce à ces informateurs, l'état-major prussien savait parfaitement à l'avance combien d'hommes et de chevaux pouvait loger et nourrir une localité, quels étaient les points pouvant céler une embuscade, quels étaient l'esprit de la population, l'influence de la municipalité, la valeur d'éventuels otages, quels chemins et routes pouvaient suivre les différentes armes, quels étaient les points stratégiques, les moyens de communication, de transport, de défense; en un mot il possédait toutes les informations dont l'acquisition eût singulièrement retardé la marche d'une armée moins bien éclairée.

Parallèlement il était tenu au courant, jour par

jour, des progrès de notre armement et de ses défectuosités, de l'état moral et matériel de notre armée, des points de concentration et d'approvisionnement en cas de mobilisation, des conditions dans lesquelles celle-ci pouvait s'effectuer : enfin, grâce à ce qu'on a appelé chez nous le Bureau des renseignements, l'Etat-major prussien savait tout ce qu'il avait intérêt à connaître et se trouvait, en regard de notre Etat-major, dans la situation d'un homme bien armé, bien embusqué sur le terrain de lutte qu'il a étudié et choisi, surveillant les allées et venues d'un adversaire errant à peu près à l'aventure à la recherche de l'ennemi.

Suivant le mot d'un haut personnage de la diplomatie russe, c'était une guerre d'aveugles contre voyants.

L'empereur, généralissime des armées allemandes, avait jugé si importants le rôle et les attributions de ce service de renseignements, qu'il en avait pris en main la direction.

Non, ce n'est pas par le maître d'école, c'est par ce service de renseignements que nous avons été battus en 1870, c'est à lui que l'Allemagne doit d'avoir si judicieusement choisi l'heure de l'attaque, — celle où nos pacifistes redoutaient de faire de la France une vaste caserne — et d'avoir pu diriger ses opérations de guerre avec une précision mathématique.

Pour des hommes n'ayant d'autre souci que l'intérêt de la défense nationale, la leçon devait être profitable : aussi l'Etat-major français fit-il entrer la constitution d'un bureau de renseignements dans le plan do réorganisation de nos forces, et préconisa-t-il ce service comme un organisme sans lequel serait vaine toute tentative de relèvement de notre puissance militaire.

Le Bureau de renseignements, créé par le colonel Sandher, répondit-il aux espérances fondées sur lui?

De tous points, oui, il faut le proclamer hautement, et son œuvre fut maintes fois qualifiée d'admirable par des ministres et de grands chefs peu enclins à l'apologie.

Les débats du procès de Rennes, si désastreux par les révélations touchant l'organisation et le fonctionnement de cet organisme, ont mis en lumière les immenses services rendus à la Patrie par une poignée d'hommes, les uns érudits, patients, laborieux, les autres sagement aventureux, hommes d'études et hommes d'action, collaborant avec autant d'abnégation que de modestie au grand œuvre de salut.

La tâche de ce service essentiel était naturellement double : défensive et offensive.

Défensive, en ce qu'il devait nous prémunir contre les entreprises de l'espionnage allemand, dépister et tromper ses agents.

Offensive, en ce qu'il devait se procurer, à tous risques, tous les renseignements et documents intéressant la défense nationale.

Pendant vingt ans, partout et toujours l'espionnage étranger trouva en travers de sa route les agents de notre service, et l'Etat-major de Berlin fut tant et si bien trompé qu'il n'eut connaissance qu'au jour où elles furent rendues publiques de nos grandes réformes militaires.

C'est ainsi que la plupart de nos régiments d'artillerie étaient déjà pourvus de nouvelles pièces de campagne à tir rapide qu'on ignorait encore, chez l'ennemi, l'adoption du nouveau type.

Dans l'offensive, dans la conquête des renseignements nécessaires, nos officiers furent au-dessus de tout éloge et ce n'est plus seulement leur habileté qu'il faut louer ici, mais leur abnégation et leur héroïsme.

On pourrait citer des officiers qui, pendant des mois, ont travaillé comme manœuvres ou comme garçons de cantine sur les chantiers des citadelles allemandes, relevant patiemment, avec mille précautions, les plans et l'armement des fortifications, risquant à tout moment leur liberté sinon leur vie, avec la certitude d'être méconnus, désavoués, reniés s'ils étaient découverts.

Tels autres, avec une invraisemblable audace, ont pris à la source des copies de plans de mobilisation.

Je ne veux pas entrer dans de plus amples détails : ce service sera certainement reconstitué, et ses traditions doivent rester son secret.

Je puis cependant faire état de ce qui a été publiquement révélé, notamment d'un article de M. Alphonse Humbert du 19 juin 1900, le même qui devait prendre à la tribune de la Chambre si énergiquement la défense de notre service de contre-espionnage.

On verra là — quoiqu'il répugne de placer des considérations d'ordre financier en regard d'une œuvre de patriotisme et d'abnégation — que notre Bureau des renseignements, en échange d'un maigre crédit, économisait au budget des sommes considérables.

Voici cet article :

En l'année 1891, on sut, par les documents officiels, que l'Allemagne se préparait à fabriquer un nouveau matériel d'artillerie. Dès cette époque, notre attention avait été attirée sur la nécessité de transformer notre matériel, et des études étaient commencées à ce dessein. Mais il s'en fallait encore qu'elles eussent abouti à des résultats satisfaisants. Fallait-il pourtant nous laisser devancer ? Quel risque ne courrions-nous pas à permettre que l'ennmi prît sur nous une avance peut-être considérable et partant dangereuse ? Poussés par cette inquiétude, nous fûmes alors sur le point de riposter à l'initiative de l'Allemagne par la construction d'un nouveau matériel français, tel que l'état des études permettait de l'entreprendre.

Les choses en étaient là quand des informations tout à fait précises, que s'était procurées le Bureau des renseignements, changèrent les dispositions de notre ministère de la guerre.

Armée des documents secrets que lui avaient fournis ses espions, la S. S. (section de statistique, nom officiel du Bureau des renseignements) parvint à établir que les projets de l'Etat-major allemand n'allaient pas jusqu'à la création d'un matériel nouveau, mais se bornaient à une appropriation du matériel ancien, permettant de tirer avec plus de sécurité qu'autrefois les nouveaux explosifs.

Dans ces conditions, nous n'avions plus à craindre d'être mis en état d'infériorité : nous pouvions attendre. Les ordres prêts à partir furent retirés. La vigilance de nos officiers avait permis d'éviter la construction hâtive d'un matériel imparfait qui ne nous eût jamais rendu les services que nous pouvons attendre de celui qui fut construit, sept ans plus tard seulement, quand les études qui l'avaient préparé eurent été conduites jusqu'à solution complète et nous eurent assuré une supériorité certaine.

Si, au point de vue budgétaire, on examine les conséquences de cette intervention de notre service de contre-espionnage, on voit que nous avons économisé, pendant sept ans, les intérêts d'une somme de 3oo millions — soit pour les sept ans 63 millions — et je ne compte que les intérêts simples. Or, 63 millions c'est plus de trois fois, c'est près de quatre fois ce qu'a coûté au total — à raison de 6oo.ooo fr. par an, ou 18 millions pour trente ans — le service des renseignements depuis 187o.

Ce qui, mieux que tous les exemples peut-être, prouve l'habileté de notre Bureau des renseignements, c'est qu'il avait su se ménager des intelligences à l'ambassade d'Allemagne même.

Pour apprécier à sa juste valeur ce résultat, il faut savoir de quelles garanties s'entouraient les ambassadeurs dans le recrutement de leur personnel, avec quelles infinies précautions étaient admis les postulants : pouvaient seuls pénétrer dans les asiles diplomatiques les hommes sûrs, au dévouement éprouvé.

Pourtant, pendant des années fonctionna à l'ambassade allemande ce qu'on a appelé la voie ordinaire, jusqu'au moment où l'infâme campagne démasqua l'intelligente et dévouée Mme Bastian, qui fut par la suite l'objet de multiples tentatives de chantage de la part de ceux qui espéraient obtenir d'elle, à prix d'or, la déclaration que le fameux bordereau n'était point parvenu à notre État-major par son intermédiaire.

Aussi bien, pendant vingt ans tous les ministres de la guerre se sont accordés pour reconnaître que notre Bureau des renseignements les avait tenus jour par jour au courant de tout ce qui se passait dans les armées étrangères, ce qui avait permis à notre gouvernement de prendre immédiatement des mesures préventives, et même d'être toujours en avance sur nos ennemis éventuels.

On n'ignorait pas, au cabinet du Kaiser, l'importance capitale de notre Bureau. Mieux que partout ailleurs on s'y rendait compte des services qu'il nous rendait, puisque toute décision prise là-bas pour accroître la puissance militaire avait pour contre-coup ici, avec la rapidité de la riposte d'un bon tireur à une attaque, des mesures préservatrices.

Mais alors...

Passage censuré.

Le champ était ouvert aux plus audacieuses entreprises de l'espionnage d'outre-Rhin ; nous avions de nos mains arraché les fils de fer barbelés protecteurs et détruit nos galeries de contre-sape.

*
* *

Il y avait une certaine logique dans cette destruction : nous entrions dans la phase de désarmement, celle qui devait durer jusqu'aux années qui précédèrent la grande guerre.

Il fallait pourtant donner au public une autre explication du sac de la S. S. que l'argument tiré de sa participation à l'arrestation de Dreyfus.

On découvrit alors que cette tâche d'espionnage et contre-espionnage n'était pas compatible avec la dignité et le prestige de l'uniforme, que c'était essentiellement une tâche policière.

Ce raisonnement captieux préparait l'opinion au transfert à la Sûreté générale de notre service de renseignements.

Mais n'insistons pas sur l'origine plus que suspecte de l'argument : voyons ce qu'il vaut.

Imagine-t-on des agents de la police secrète, occupés à l'ordinaire aux basses besognes politiques, faisant sur les côtes allemandes les relevés hydrographiques au cours desquels les capitaines Degouy et Delguey-Malavas ont été arrêtés, pour être ensuite déportés dans une enceinte fortifiée où ils ont séjourné pendant plusieurs années?

Les voit-on énumérant les avantages et les effets comparatifs d'un nouvel explosif, ou s'appesantissant sur les mérites d'une nouvelle balle ou d'une nouvelle pièce d'artillerie?

Conçoit-on le chef de ces agents, politicien au rebut ou casserole arrivée, faisant un rapport et examinant les répercussions d'une modification au plan de mobilisation allemand?

Je pourrais multiplier ces exemples à l'infini; mais peut-être n'est-il pas nécessaire de s'attarder à la démonstration d'une différence d'aptitudes et de connaissances chez un polytechnicien et chez une gardien de la paix.

Arrivât-on à démontrer l'équivalence de valeur technique qu'il faudrait encore prouver l'égalité de valeur morale.

Des hommes en contact presque permanent avec des traîtres doivent être fortement trempés pour garder la claire notion du devoir; pour négocier des marchés sans contrôle, courir tous les risques sans aucune chance de récompense, il faut une intégrité parfaite et un entier esprit d'abnégation.

Passage censuré.

*
* *

C'est surtout dans l'espionnage que triomphe l'organisation allemande : une fois renversée la digue que nous opposions à cet espionnage, il allait pouvoir s'en donner à cœur joie.

La France devenait un pays de vaine pâture, où chacun pouvait s'ébattre, brouter et s'installer à loisir.

De cette époque date, pour les Allemands, une entente nouvelle des manœuvres d'avant-guerre, une formidable extension de la tâche de leurs espions.

Il ne s'agit plus seulement pour eux d'entendre, de voir et de rapporter; ils ne devront plus se borner à être les fourriers de l'armée d'invasion et à préparer le logement : ils devront constituer en pays ennemi une armée auxiliaire dont les opérations se combineront avec celles de l'envahisseur et concourront puissamment à son triomphe.

Dans telle ville proche de la frontière, ils installeront des dépôts d'uniformes et d'armes où viendront s'équiper les réservistes allemands qui se trouveront à pied d'œuvre.

Dans telle autre, commerçants en bois, ils raseront nos forêts et, au jour de la mobilisation, encombreront de leur bois en grume nos quais d'embarquement.

A proximité de telle ville forte, ils créeront des dépôts de pétrole, et leurs wagons-citernes, circulant sur nos lignes, pourront prendre feu au moment opportun.

Ailleurs, ils installeront une usine à proximité de tel pont à circulation intense, et si quelque jour le pont s'effondre, il aura été foudroyé par le vieux dieu allemand.

Ici, tel inoffensif belvédère recèlera une installation de télégraphie sans fil, dont nulle censure ne refrénera les écarts et les indiscrétions.

Là, telle plate-forme de tennis, profondément bétonnée, offrira la résistance nécessaire aux lourdes pièces de siège qui doivent écraser tel fort de la région.

Dans telle ville fortifiée, un fil téléphonique reliera directement telle maison à une installation à la campagne, et en cas de siège, aucun mouvement de troupes, aucun préparatif d'attaque, aucune cause d'affaiblissement moral ou matériel n'échappera à l'assiégeant.

Dans telles usines de la défense nationale, des ouvriers trop zélés provoqueront des explosions.

Dans le pays tout entier, des agences provoqueront les désertions et sèmeront la panique.

Mais toute énumération resterait incomplète : gardons-nous de l'entreprendre.

Dans l'*Avant-guerre*, Léon Daudet résumait ainsi l'œuvre entreprise et accomplie par l'espionnage allemand libéré de toute surveillance et de toute contrainte :

« Nous allons montrer comment l'Allemand (ici une incidente qui ne trouverait pas grâce devant la Censure) a su trouver en France toutes les facilités, toutes les complicités, toutes les trahisons même, qui lui ont permis de supplanter nos nationaux dans les diverses branches du commerce et de l'industrie intéressant la défense nationa! ; comment il a su se rendre ainsi maître de notre blé, de notre fer, de notre or et occuper, sous le couvert d'opérations en apparence légales, les points stratégiques les plus importants du pays, ses centres ou ganglions nerveux, ses nœuds vitaux.

« De telle sorte qu'au moment d'une déclaration de guerre, à l'heure grave et peut-être prochaine où il nous faudra tout abandonner et courir à la frontière pour faire face aux armées du roi de Prusse, ses fidèles sujets, nos hôtes de la veille, installés en nombre imposant dans nos villes, dans nos campagnes, dans nos ateliers, dans nos usines, dans nos administrations, pourront en toute tranquillité, à l'abri de nos lignes de combat, saboter ici même nos travaux de défense et paralyser ou retarder nos efforts. »

Pour remplir ce vaste programme, il fallait un personnel nombreux : qu'on veuille bien se rappeler qu'avant la grande guerre un demi-million d'Allemands étaient installés chez nous, dont 100.000 à Paris et dans sa banlieue.

Cette banlieue, avec son enceinte de forts, les sollicitait particulièrement.

Le signataire de ces lignes, qui occupe l'été une bicoque dans la grande boucle de la Marne, découvrit à la mobilisation qu'il était ainsi entouré : au nord, une riche propriété avait été louée sans marchandage par des « Américains » dont les caisses et les malles portaient ostensiblement cette marque d'origine : Chicago. Au matin du 1er août les volets restèrent clos : les prétendus Américains, d'authentiques Boches, avaient pris la poudre d'escampette. Au levant, en pension chez de bons Français, autre ménage de Boches; au midi, tout une famille d'Autrichiens qui n'évita pas, je crois, le camp de concentration; au couchant, une Badoise, mais veuve d'un Français, et dont le fils fait son devoir sous nos drapeaux.

Par cet exemple personnel, on peut juger de l'envahissement.

Mais tout ce monde-là a disparu de gré ou de force, dira-t-on.

Oh! mais non : les précautions étaient prises.

Quand, étendant le champ de ses opérations, l'espionnage allemand organisa la guerre d'arrière, il songea tout naturellement aux moyens de maintenir ses troupes auxiliaires à leur poste de combat, en pays ennemi.

Pour les femmes, rien n'était plus facile : elles épouseraient des Français et ne pourraient ainsi être inquiétées au jour de la mobilisation.

Pour les hommes, on inventa la loi Delbruck, la fausse naturalisation.

Cette loi prescrivait que la nationalité allemande n'était pas perdue du fait de l'adoption d'une nouvelle nationalité, sauf le cas où une renonciation formelle serait adressée par l'intéressé aux autorités allemandes.

Les espions boches pouvaient désormais se faire naturaliser Français pour *travailler* à l'abri des tracasseries : ils restaient Allemands et bons Allemands.

Il y en eut bien qui furent surpris par les événements et n'eurent pas le temps d'accomplir les formalités pourtant assez simples du changement apparent de patrie;

Ne sommes-nous pas la nation réputée la plus accueillante, la plus hospitalière? Noblesse oblige...

Pourtant... pourtant le ministre de l'intérieur Malvy a pu dire, répondant au discours de M. Gaudin de Villaine qu'on va lire :

Tout était à redouter de l'espionnage ennemi au moment où les hostilités ont commencé. Rien ne s'est produit, cela grâce aux mesures prises par nous.

Pour s'attribuer le mérite d'un succès partiel, le ministre a fait là un aveu singulièrement imprudent.

Comment, tout était à redouter au début des hostilités?

La Sûreté générale avait donc failli à la tâche de sauvegarde qu'elle avait si allégrement assumée?

Elle n'avait donc pas su, comme elle en avait affiché la prétention, se substituer avantageusement au Bureau des renseignements?

Cette substitution avait donc, dans une mesure insoupçonnée, favorisé les entreprises de l'espionnage allemand, et la relève des officiers par les policiers constituait donc une trahison?

Quel autre sens donner à la sinistre constatation ministérielle : « Tout était à redouter. »

Une place bien gardée ne craint pas les surprises.

« Mais rien ne s'est produit » : en effet, au début des hostilités, rien ne s'est produit, l'admirable mobilisation préparée par le général de Castelnau s'est accomplie sans accroc. Ne serait-ce pas que dès la veille de cette mobilisation, c'est l'autorité militaire qui assumait la garde de nos ponts, de nos lignes, de nos routes, de tous les points et établissements ayant une valeur stratégique?

Mais dans toutes les branches échappant à la surveillance du militaire, avec quelle autorité s'est manifesté l'espionnage allemand!

Avec quelle candeur l'autorité civile a reconnu la persistance de ce danger : « Taisez-vous! méfiez-vous! des oreilles ennemies vous écoutent! »

Voilà l'ordre de faits auquel se rattache directement l'interpellation de M. Gaudin de Villaine, la page de petite histoire dont elle fournit la suite, en attendant la conclusion qui s'imposera à tout gouvernement soucieux de la sécurité nationale.

Il m'a semblé que ce trop bref historique préparerait mieux à la lecture du discours du sénateur de la Manche qu'une vaine présentation.

M. Gaudin de Villaine est de ces rares Parlementaires qui ne recherchent jamais, dans une intervention oratoire, un de ces succès que couronne un scrutin favorable. Quand il a quelque chose à dire, des vérités à proclamer, il use de la plus retentissante tribune pour s'adresser au pays.

Les seules suggestions de son patriotisme lui importent, la seule approbation de sa conscience lui suffit.

Ce n'est pas qu'il se désintéresse des sanctions que devraient normalement provoquer ses interventions à la tribune; mais comme il a la conscience haute et le patriotisme éclairé, il est plus souvent en harmonie avec les aspirations nationales qu'avec les combinaisons de ceux qui sont censés représenter la Nation.

C'est encore le sentiment public qu'a traduit M. Gaudin de Villaine en chargeant énergiquement contre l'espionnage allemand.

Et c'est une utile et intelligente initiative, celle qui nous vaut le recueil de ces pages à l'intention de celui pour qui elles ont été pensées, de celui qui a plus d'esprit et de clairvoyance que n'importe quel ministre, M. Tout-le-Monde.

Albert Monniot.

L'ESPIONNAGE ALLEMAND EN FRANCE

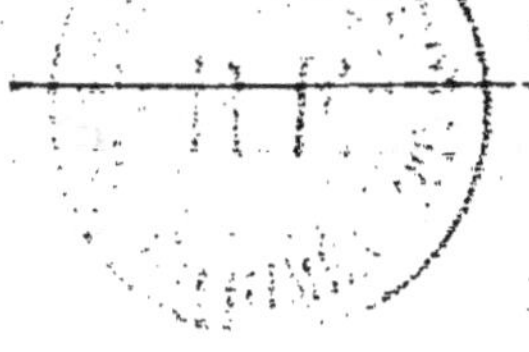

Interpellation du 23 mars 1916
sur l'espionnage allemand en France
et en particulier à Paris
adressé par M. Gaudin de Villaine, sénateur de la Manche
à M. Malvy, Ministre de l'Intérieur.

M. LE PRÉSIDENT. L'ordre du jour appelle la discussion de l'interpellation de M. Gaudin de Villaine sur l'espionnage allemand en France et à Paris, en particulier.

La parole est à M. Gaudin de Villaine pour développer son interpellation.

M. GAUDIN DE VILLAINE. J'aurais pu, mes chers collègues, me contenter d'une improvisation aussi étudiée qu'imprécise — comme toutes les improvisations — et émaillée de quelques anecdotes sensationnelles. Je m'en suis bien gardé, et j'ai tenu à apporter ici des précisions qui doivent demeurer comme un document utile au *Journal officiel* — d'où certaines longueurs et lectures dont je m'excuse à l'avance. (*Parlez !*)

Messieurs, pendant ces vingt mois de guerre le Gouvernement a commis deux fautes impardonnables... — Je ne veux pas employer une expression plus sévère ! — La première : avoir permis à l'Allemagne de se ravitailler en France, ou par la France...; la deuxième : avoir laissé l'espionnage allemand continuer chez nous ses pratiques d'avant-guerre.

Le 27 janvier dernier, j'écrivais dans la *Libre Parole* :

« J'ai eu occasion de m'entretenir, tout dernièrement, avec un neutre, notable négociant, qui pour ses affaires a parcouru les deux empires du centre. Un contraste l'a surpris, et avec quelle raison, à son retour à Paris; alors que, tant en Allemagne qu'en Autriche, pas un Français ne jouit de la libre circulation et que tous sont concentrés ou incarcérés, en France, il a retrouvé aux mêmes places, vaquant tranquillement à leurs affaires, les Boches qu'il fréquentait pour raisons commerciales, avant la guerre. »

Eh bien, messieurs, je me trompais; il y a au moins un Français en liberté en Allemagne : un sieur Prost, professeur d'allemand (d'ailleurs Français, mais marié à une Allemande) au lycée de Montpellier était, au mois d'août 1914, en vacances dans la famille de sa femme en Allemagne, près de Dresde, il y est demeuré, et continue d'y percevoir mensuellement son traitement intégral, sur lequel il a d'ailleurs refusé la retenue de 3 p. 100 pour le secours national !

Ce professeur était un admirateur convaincu de la « kultur » allemande; il paraît continuer en toute liberté. Sans commentaires !

J'écrivais encore :

« Il y a quelques jours, un industriel français, résidant en Belgique et qui a pu rentrer en France, par la Hollande, dans des circonstances que je raconterai prochainement, mais que la plus élémentaire prudence me défend de révéler présentement, la famille de ce rescapé étant encore sous la griffe allemande, me confiait d'étranges choses sur la façon dont les maisons austro-boches continuent à commercer en France avec une entière impunité, et il lui a été donné de constater que les permis de séjour et les naturalisations les plus fantaisistes fonctionnaient à bureau ouvert : véritable bourse des pieds humides... »

Et de suite, messieurs, cette plainte douloureuse, venue hier des tranchées, sous la plume d'un jeune et vaillant officier — enfant du peuple, fils d'un modeste instituteur de village. Ecoutez :

« Monsieur le sénateur, songez à tous nos efforts manqués; songez surtout aux malheureux pères de famille tués inutilement du fait de ce terrible espionnage qui règne partout en maître, au milieu de nous, et surtout derrière nous...

« Au nom de ces malheureux, dont les âmes viendraient vous hanter chaque nuit, comme un reproche, ayez, vous et vos collègues, les énergies nécessaires ! donnez-nous enfin ce à quoi nous avons droit : la sécurité de l'arrière... » *(Très bien ! très bien !)*

A ce rendez-vous de l'honneur et du devoir, mes chers collègues, comment ne répondrions-nous pas tous, de tout notre patriotisme, de toute notre tendresse pour nos admirables soldats ?

Et cet officier me signalait encore l'étrange abus des « laissez-passer », signés en blanc par certains maires du front et traînant dans les cabarets à la disposition des consommateurs ! L'espionnage allemand, dans nos lignes, en fait un large usage.

De nombreux officiers allemands déguisés, ajoute-t-il, ont pu se faufiler ainsi jusqu'à notre deuxième ligne et y repérer notre artillerie lourde.

M. Malvy, *ministre de l'intérieur.* C'est l'autorité militaire, monsieur le sénateur, qui, dans la zone des armées, a la charge de la répression de l'espionnage; ce n'est pas mon département.

M. Gaudin de Villaine. Je le sais.

Messieurs, à l'heure même où semble se faire plus violente et plus meurtrière l'offensive allemande — contenue d'ailleurs victorieusement par nos héroïques soldats — n'est-ce pas l'heure aussi de coordonner tous nos efforts à l'arrière ?

Aujourd'hui, après dix-neuf mois de la plus horrible des guerres, il reste, d'après les statistiques officielles :

1° Rien qu'à Paris seulement 23.000 étrangers s'étant déclarés sujets de pays alliés, parmi lesquels se trouvent beaucoup d'anarchistes et de réfractaires aux lois militaires;

2° 500 Allemands, Autrichiens, Bulgares, Turcs ou étrangers se disant Tchèques, Alsaciens, Polonais, Arméniens, Egyptiens, etc., qui ont des permis de séjour;

3° 27.000 dossiers d'étrangers suspects dont 42 (et pas un seul à Paris) ont déjà été condamnés pour leurs relations avec nos ennemis.

Durant ces dix-neuf mois de résistance, nous nous sommes heureusement débarrassés à temps d'un certain nombre de naturalisés ou de non-naturalisés suspects comme :

Barnila, cet inventeur du « Kapok », condamné pour excitation de militaires à la désobéissance;

Théodore Mante, de Marseille, si bien jugé par la cour d'appel d'Aix;

Jellineck, directeur de l'usine d'automobiles Mercédès;

Rosenberg, administrateur du journal *Gil Blas;*

Uhde et von Mumm, envoyés dans un camp de concentration;

Maximilien Kahn, organisateur de l'île de Bréhat, retourné chez lui...

M. CHARLES RIOU. Celui-là, il y a dix ans que je l'ai signalé pour la première fois.

M. GAUDIN DE VILLAINE. Thurnauer, parti en Amérique après avoir été à la fois directeur à Paris, de la compagnie générale des omnibus, et à Berlin, de l' « Allgemeine Elektricitas Gesellschaft »;

Garfunkel et Rabbat, que nous avons emprisonnés;

Geissler, emprisonné chez nous, lui aussi, pour escroqueries, après avoir été président de la société des grands hôtels de l'Etoile : Astoria, Beau Site, Autriche, Campbell, Columbia, Malesherbes, administrateur de l'hôtel Westminster et membre influent du conseil de l'union hôtelière parisienne.

Mais nous possédons encore, malheureusement, des naturalisés de fraîche date et des possesseurs de permis de séjour, comme :

Tauber, originaire d'Autriche, président de la société de l'hôtel Majestic et de la société de l'hôtel Régina;

Wiener, né en Autriche, lui aussi président de la société du Grand-Hôtel, de la société de l'hôtel Meurice, de la société de la rue Edouard-VII et du Biarritz Carlton Hôtel, dont on l'a obligé de démissionner le 4 mars dernier;

Tauber et Wiener, propriétaires des hôtels Vendôme et de Calais, amis de Geissler, administrent en même temps des sociétés allemandes et autrichiennes;

Samuel Rossel, sujet suisse, qui était comptable à la Maggi de Berlin, de janvier à octobre 1914;

Soutter, directeur à la fois de la Maggi de Paris et de la Maggi de Singen (duché de Bade), laquelle a le monopole des fournitures de l'armée allemande; Soutter circule librement en France, en Suisse et en Allemagne;

Richard Heller, Autrichien d'origine, ancien gérant de l'usine, à Puteaux, de la lampe Osram, dont les directeurs s'enfuirent, lors de notre mobilisation, en Allemagne, où ils trouvèrent l'argent de leur caisse envoyé à Berlin quatre jours avant la guerre; Heller, salarié du Berlinois Kallmann, ami du lieutenant von Oppel et de Hugo Arndt, après avoir été automobiliste militaire de la Préfecture de la Seine, se repose maintenant à Cahors.

Nous possédons ensuite :

Kratz-Boussac, Prussien d'origine, maire de Douville (Eure);

Louis-Louis Dreyfus, maire de Florac, dont les ancêtres étaient Allemands, et qui trafiqua si habilement avec nos céréales, si l'on doit ajouter créance aux rapports de MM. Borel et Perrier;

Baumann, ex-magasinier, comptable des grands moulins de Corbeil, frère d'Achille Baumann des Illkirchenmulenwerke (ou minoteries de Strasbourg);

Netter, son parent;

Freund, dit Freund-Deschamps, né en Autriche, maire de Lisle-en-Rigault (Meuse), qui a des parents en Allemagne et à Vienne, et emploie, dans une de ses usines, son neveu Fritz Reischmann, nouvellement naturalisé, lui aussi. Ce Freund voyage souvent en Allemagne. Lors de la ruée des Prussiens dans le département de la Meuse, son château du « Faux-Miroir » serait la seule habitation du pays que les barbares n'incendièrent pas.

Nous avons enfin :

Emil Ullmann, dont la famille est en Allemagne, qui

a continué, malgré l'état de guerre et au mépris de la loi, à commercer avec nos ennemis, entre autres avec des maisons allemandes au Brésil, avec le consul allemand Ohliger, de Manaos. Accointé autrefois avec Geissler, Reuscher (d'Evian), les frères Kiechle (de Vernet-les-Bains), l'ex-directeur du Comptoir d'escompte de Paris, Ullmann fait toujours des affaires avec l'Allemagne, ainsi que le prouve le chèque Louis Augustin, Ullmann qui avait lancé l'entreprise allemande des hauts fourneaux et aciéries de Caen, organisée par son complice le Prussien Thyssen, installé à Diélette; Ullmann qui a pour amis Heinemann, de la « Deutsche Bank », et Salomonsohn, de la « Disconto », est administrateur et directeur du bureau de la presse au Comptoir d'escompte.

Voilà les principaux de ceux, messieurs, qui seraient d'abord atteints par ces mesures de surveillance particulière dont l'utilité nous paraît urgente.

Il est impossible que des gens comme ceux-là, en même temps administrateurs et, par conséquent, gros actionnaires de sociétés en France et en Allemagne, ayant des parents et des amis dans les pays en guerre avec le nôtre, contribuent à notre effort de résistance nationale. Leurs intérêts et leurs sentiments les en empêchent. Ils ne peuvent pas être, comme nous, complètement Français.

Or, à cette heure tragique, quiconque n'est pas complètement Français en France, quiconque a des attaches avec les pays ennemis de la France, même s'il a cessé, depuis le début des hostilités, toutes relations avec ces pays, est incapable de fournir sa part de résistance que la guerre exige de tous les Français.

Il est impossible que des gens comme ceux-là, ayant plus de parents en dehors de chez nous qu'en France, ne manifestent pas instinctivement, naturellement, leur joie, quand leurs compatriotes allemands, autrichiens, bulgares ou turcs, remportent sur nos troupes ou sur celles de nos alliés un succès de courte durée.

Il est impossible que des gens comme ceux-là, dont les familles souffrent dans leurs patries d'origine du blocus que nous infligeons à leurs commerces, ne cherchent pas des moyens pour faire cesser ces souffrances.

Il est impossible que des gens comme ceux-là ne propagent pas chez nous des nouvelles venues de leur pays pour semer la panique ou propager l'angoisse dans nos villes et nos campagnes.

Donc ils sont, aujourd'hui plus que jamais, dangereux, et nous devons les surveiller de près.

Eloigner ces suspects de la direction de nos affaires publiques où quelques-uns d'entre eux sont parvenus grâce à des protecteurs imprudents; retirer à ceux d'entre les autres qui les occupent des emplois qu'on leur donna, encore par suite d'un manque de prudence, dans des entreprises touchant notre défense nationale, procéder à une minutieuse vérification des permis de séjour accordés jusqu'à présent; obliger les trop nombreux voyageurs étrangers qui circulent actuellement en France à montrer des pièces justifiant leur présence chez nous, telles seraient les opérations préliminaires à accomplir.

L'opinion populaire les réclame.

Beaucoup de Français ne comprennent pas qu'après dix-neuf mois de guerre il y ait encore des suspects autour d'eux.

Les permis de séjour, surtout en province, sont donnés aux étrangers par des employés qui connaissent mal les lois, se laissent tromper par les demandeurs ou manquent de flair pour discerner des ennemis dans les individus qu'ils ont devant eux.

Des Françaises mariées à des Allemands, devenues Allemandes par leur mariage, circulent librement entre les camps de concentration où sont leurs époux; correspondent, sans être inquiétées, avec leurs familles en Allemagne. Nous en connaissons une qui, plus scrupuleuse que les autres, demanda, dans une mairie, s'il ne lui fallait pas un permis de séjour, et à laquelle on répondit que cela n'était pas nécessaire.

D'autre part, certains hauts fonctionnaires, quelques hommes influents semblent protéger les suspects. Pour quelle raison ? Nous n'en savons rien et ne cherchons pas à pénétrer ce mystère. Il en résulte que leurs subalternes et leurs obligés qui, par devoir ou patriotisme, essaient de rendre ces suspects inoffensifs, se trouvent impuissants, après avoir reçu le conseil de ne pas faire de zèle.

Dans une localité de la banlieue parisienne, un chauffeur d'automobile, allemand qui se disait alsacien, et, pour cette raison, était resté chez lui après la déclaration de guerre, arbore un drapeau prussien à sa fenêtre, dès qu'il apprend la prise de Lille. Ses voisins le conspuent, lui et sa femme, une Bavaroise encore plus acharnée contre la France. Il en résulte du bruit et un scandale. La police intervient, découvre la véritable nationalité des époux et demande leur envoi dans un camp de concentration.

Quinze mois se passent sans réponse ! Enfin arrive l'ordre de procéder à l'incarcération. Cet ordre est signifié au chauffeur d'automobile, qui répond à la police : « Je ne partirai pas... Je vais m'adresser à quelqu'un... »

Et ni lui, ni sa femme, n'ont quitté la localité. Ils sont toujours là-bas. Notification a été adressée aux autorités de les laisser tranquilles. (Levallois-Perret.)

Il faut que tout cela cesse.

Oui, certes, l'organisation de cette surveillance des suspects est une entreprise difficile et délicate. Mais M. Malvy ne nous a-t-il pas promis, au mois de décembre dernier, que si « la tâche » était « lourde », on la poursuivrait « jusqu'au bout avec toute l'activité, la vigilance et l'énergie nécessaires » ?

Le moment est donc venu d'aviser, ainsi que je le disais dans ma note insérée dans la *Libre Parole* à la date du 26 février 1916, précisément le jour où se déclanchait la formidable attaque des Allemands sur Verdun, attaque à laquelle l'espionnage n'a certainement pas été contraire; j'écrivais :

« A l'heure où l'ennemi redouble ses attaques sur notre front, l'espionnage à l'arrière devient intolérable et il faut que les pouvoirs responsables se soumettent à leur devoir patriotique ou se démettent. »

Je le répète une dernière fois : « La France en a assez des traîtres et de leurs complices. »

Dans le même ordre d'idées j'adressai, le 6 février dernier, à M. Briand, président du conseil, une lettre ouverte dont j'extrais le passage suivant :

« S'il est pour vous un devoir urgent, au lendemain de la nouvelle incursion sanglante des zeppelins sur Paris, et en attendant les représailles scientifiques qui s'imposent, c'est de purger la capitale et sa banlieue de tous les espions allemands qui y pullulent sous les espèces des permis de séjour et des naturalisations suspectes.

« Au lieu de discourir, au seuil de la maison du 20ᵉ arrondissement, devant les cercueils des victimes des zeppelins, l'honorable M. Malvy aurait meilleure grâce à prendre, sans retard, des mesures générales d'expulsion contre tous ces indésirables, complices et indicateurs des crimes allemands.

« Voilà ce que Paris attend de vous, et il ne saurait excuser un nouvel abandon des pouvoirs publics : faiblesse serait synonyme de complicité... »

Messieurs, ces quelques considérations, que je viens de soumettre au Sénat, résument, dans ses principales parties, la courageuse campagne menée, dans l'*Action française*, depuis de longs mois, par M. Léon Daudet.

M. DE LAMARZELLE. Il en avait fait une bien belle avant la guerre !

M. GAUDIN DE VILLAINE. Celui-ci n'avait-il pas proposé, en outre, au Gouvernement, son concours pour purger Paris de tous les indésirables dangereux ?

Proposition qui ne fut pas acceptée par le Gouvernement alors que, dans les circonstances redoutables que nous traversons, aucun concours ne saurait être refusé, surtout lorsqu'il émane d'une personnalité qui a fait ses preuves comme clairvoyance en ces matières.

Refuser tel concours est plus qu'une faute : c'est presque un crime de lèse-patrie, et nous rechercherons tout à l'heure quelles peuvent être les causes d'un tel refus officiel que rien ne saurait excuser...

M. LE MINISTRE DE L'INTÉRIEUR. M. Daudet n'avait qu'à m'apporter ses renseignements. Tous les bons citoyens peuvent se confier à moi.

M. GAUDIN DE VILLAINE. Je vous assure, monsieur le ministre, que, malgré toute la confiance que j'ai en vous, il y a des choses que je ne vous confierais pas. Vous comprendrez que M. Léon Daudet préfère agir lui-même.

M. LE MINISTRE DE L'INTÉRIEUR. Je n'ai pas besoin de

vous dire, monsieur le sénateur, que la pensée ne me viendra jamais de confier un service public à M. Daudet.

M. Gaudin de Villaine. Le 9 février dernier, je disais encore :

« Il y a quelques jours, à la Chambre, répondant à une interruption, M. Briand s'indignait qu'on osât émettre la pensée que nous manquions de gouvernement; rien de plus exact cependant...

« Au lendemain de la nouvelle incursion des zeppelins sur Paris et sa banlieue, incursion dont nous laisserons de côté les responsabilités scientifiques, et sans chercher à résoudre, ici, l'énigme de la crise de l'aviation, où l'héroïsme de nos pilotes n'a rien à voir, n'y avait-il pas une mesure essentielle, radicale, urgente, à prendre, sans quitter le « plancher » trop obscur la nuit et pourtant mal protégé de la capitale?

« Ce qu'il importait d'urgence, c'était de nettoyer le camp retranché de Paris, tout au moins, de tous les suspects, espions, indésirables, qui y vivent en permis de séjour ou sous le masque de naturalisations trop récentes...

« Le soir même de la dernière alerte, tous les symptômes habituels d'espionnage à l'arrière, que nous avons si souvent énoncés, et à la veille encore du 29 janvier dernier, ici même, dans notre article : « Les Allemands chez nous », se manifestèrent sur tous les points de Paris, par des illuminations suspectes, des randonnées d'autos mystérieuses, etc., etc.

« Qu'a-t-on fait pour repérer ces nids d'espions, que l'opinion publique signale en vain? Oui ou non, veut-on protéger Paris « à terre » en attendant les œuvres protectrices et vengeresses de nos aviateurs? Il suffirait de mettre un terme immédiat à ce honteux trafic de « permis de séjour » sur lequel le journal la *Liberté* a fait la lumière complète, et d'expulser, sans délai, tous les Boches et embochés de la bohème cosmopolite, campés chez nous...

« Qu'attend le Gouvernement pour mettre fin à la comédie tragique et criminelle qui se continue à nos dépens? Le sang des victimes innocentes crie vengeance! Et celle que nous réclamons, un geste de police peut lui donner satisfaction en quelques heures. Hésiter serait œuvre de trahison ou d'imbécillité, et poussée à un tel degré que les responsabilités encourues seraient identiques...

« Paris et la France font héroïquement face aux « Boches » des tranchées et des zeppelins; Paris et la France ont droit à la protection du Gouvernement contre les Boches et les embochés de l'arrière... »

Mais voici un détail précis et édifiant que l'honorable M. Malvy — informé — ne démentira pas.

Depuis un mois, on a commencé d'appliquer, dans toute la France, la loi du 22 janvier 1916 relative à la déclaration des biens austro-allemands.

Tous les Français créanciers d'Austro-Allemands viennent dans les commissariats et mairies où l'on tient à leur disposition des feuilles bleues, c'est-à-dire des imprimés, conformes à un modèle officiel, sur lesquels leurs noms, ceux de leurs créanciers et le chiffre de leurs créances sont inscrits.

Cette opération a déjà révélé, rien que dans la Seine, l'existence de 175.000 Austro-Allemands, débiteurs de Français. On compte qu'elle en fera découvrir environ tant. Soit, au total, plus de 300.000, quand la loi aura reçu pleine et entière exécution.

M. René Viviani, *garde des sceaux, ministre de la justice.* Nous comptons sur 400.000 déclarations.

M. Gaudin de Villaine. Or, parmi ces 175.000 Austro-Allemands dont les noms viennent d'être ainsi donnés par leurs créanciers français, beaucoup étaient inconnus avant l'application de la loi, beaucoup ne figuraient pas sur les listes d'étrangers qui existaient avant la guerre et qui ont été mises à jour depuis la guerre dans les commissariats et mairies.

Cela prouve combien ces listes étaient inexactes.

Messieurs, des mesures de surveillance spéciale sont urgentes, disions-nous, pour arrêter les agissements des suspects. Il faudrait d'abord reviser tous les permis de séjour.

Mais, répondrez-vous, cette révision est commencée et on nous a promis qu'elle serait poursuivie sans relâche. Attendons qu'elle soit finie avant de nous prononcer sur son plus ou moins d'efficacité.

Messieurs, attendre est bien difficile aujourd'hui, reconnaissez-le, quand l'ennemi se trouve toujours, après dix-huit mois de guerre, à 80 kilomètres de Paris.

D'ailleurs, d'ores et déjà nous prévoyons l'insuccès de cette révision. Aucun permis de séjour ne sera retiré à ceux auxquels ils furent accordés dans des conditions que nous révéla, avec preuves à l'appui, un autre journaliste de talent, que je tiens à citer après M. Léon Daudet. Je veux nommer ici le directeur de la *Liberté*, M. Georges Berthoulat.

Et d'abord, combien y en a-t-il, de ces permis de séjour ? 187, nous déclara M. Malvy, délivrés à des Allemands, 105 à des Autrichiens, dont les fils sont sous notre drapeau; 137 à des Allemands et Autrichiens infirmes; 13 à des Allemands ou Autrichiens dénaturalisés depuis août 1914, et 38 à d'anciens légionnaires. Soit, au total, 480.

Cette déclaration est-elle exacte ? Il nous est permis d'en douter. Nous croyons qu'il en a été délivré davantage.

M. LE MINISTRE DE L'INTÉRIEUR. Si vous voulez en faire la démonstration.

M. GAUDIN DE VILLAINE. En effet, certains quartiers de Paris renferment des milliers de réfugiés étrangers, non naturalisés, et qui ne peuvent être légitimement qu'en permis de séjour.

« Si, au moins », écrit M. Berthoulat dans la *Liberté* du 26 janvier dernier, « les permis de séjour avaient été distribués avec discernement et avec ordre. On nous dit oui. Cependant il n'en fut pas toujours ainsi. Comment se fait-il, en effet, si l'intérieur se montra toujours tellement strict sur les permis de séjour, qu'on ait pu en ramasser *en blanc* et tous signés sur les trottoirs ? »

Et M. Berthoulat ajoute.

« Le cliché que nous donnons ci-contre est la reproduction de l'un des permis trouvés rue des Ecoles, dans les premières semaines de la guerre, par un de nos lecleurs qui voulut bien nous les adresser. Il sont à la disposition du ministre de l'intérieur.

« A ce moment-là, donc, les permis en question couraient littéralement les rues. Cependant c'était l'heure où l'espionnage boche était le plus dangereux. Les Prussiens étaient à Luzarches et les pouvoirs publics à Bordeaux.

« Il est d'ailleurs de notoriété commune que, dans tous les commissariats, ces permis en blanc et en vrac furent pendant longtemps monnaie courante. »

D'autre part, qu'a donc fait, depuis sa création, la commission de revision des permis de séjour ?

Elle a été instituée le 28 décembre 1915 par M. Malvy qui l'a composée de fonctionnaires parmi lesquels il y a ceux qui délivrent les permis et que l'on invite ainsi à reviser leurs propres décisions.

Au début, cette commission ne devait reviser que les permis de séjour accordés à des Russes, Italiens, Ottomans, Polonais, Tchèques, Trentins, Croates, mais pas à des Allemands ni des Austro-Hongrois.

Pourquoi déjà cette faveur à nos pires ennemis ?

Elle avait l'ordre de ne pas se prononcer, mais d'émettre seulement un avis consultatif.

Après sa première séance, ayant été influencée par une campagne de presse révélant ces anomalies étranges, elle dut déclarer qu'elle reviserait aussi les permis des Allemands et des Autrichiens.

Ensuite ?

Ensuite, elle n'a pas encore aujourd'hui, après deux mois de fonctionnement, retiré un seul permis de séjour aux quatre cent quatre-vingts sujets étrangers dont elle avait à examiner la conduite. Or, vous avouerez que, parmi ces quatre cent quatre-vingts personnages, il devait bien y en avoir au moins un de suspect. La preuve est faite, on le verra plus loin. Sinon, on ne l'eût pas instituée.

Elle n'a pris aucune décision qui aurait satisfait l'opinion publique. Et cela malgré la promesse adressée par M. Malvy à M. Galli, député de Paris, que voici :

« Février 1916.

« Le groupe des représentants de la Seine au Palais-
Bourbon nous a seulement demandé la constitution
d'une commission spéciale chargée d'examiner la situation des étrangers en permis de séjour. J'ai constitué
cette commission. Elle fonctionne depuis bientôt un
mois et toutes ses dernières séances ont été consacrées
à l'examen de permis de séjour accordés à des Austro-
Allemands. Tous les avis qu'elle me transmettra seront
sanctionnés par moi par des décisions conformes à ses
propositions. J'espère que cette procédure vous paraîtra,
comme à moi, présenter toutes les garanties désira-
bles. »

Vous m'objecterez que cette réponse est récente, que
M. Malvy, par suite, n'a pas encore eu le temps de se
prononcer en sa qualité de juge suprême. C'est possible. Mais, de nouveau, je vous le répète, messieurs, nous
non plus nous n'avons pas le temps d'attendre. Les Prussiens sont toujours là, auprès de nous, et, plus près de
nous encore, ils ont des parents, des amis, des compatriotes en permis de séjour.

Et qui donc, en dehors de ses membres, documente
cette singulière commission ? Personne, ou plus exactement aucun de ceux qui sont bien au courant du sujet.
Notre deuxième bureau de l'état-major, chargé spécia-
lement de la surveillance des étrangers, n'y est même
pas représenté.

Qui lui désigne ces « oreilles ennemies qui nous écoutent », car il y a des oreilles ennemies qui nous écoutent,
M. Millerand nous en a avertis dans sa célèbre circu-
laire-pancarte ? C'est le ministre de l'intérieur lui-
même, et lui seul, chargé du service de contre-espionnage en ces temps de guerre.

Mais il n'est pas capable à lui seul de faire cette dési-
gnation. Et la preuve en est que, malgré tout ce que
nous savons des agissements des suspects dont nous
sommes entourés, il n'a été prononcé par lui, durant
ces dix-neuf mois de guerre et pour espionnage, que
9 condamnations à mort et 33 aux travaux forcés, soit
42 dans la zone de l'intérieur, et pas une seule à Paris,

ce qui est extraordinaire parce que nul n'ignore que les suspects-espions pullulent autour de nous, principalement dans notre capitale. (*Très bien! très bien! à droite.*)

Ils pullulent, pourquoi ?

Parce qu'ils sont protégés.

Exemple : Garfunkel, le petit Georges qui n'aurait pas fait tout ce que vous savez s'il n'avait eu, pour amis, avec un parlementaire et l'avocat Lucien Leduc, M. Mouton, directeur de la police judiciaire, lui-même nommé par l'honorable M. Malvy comme surveillant, de qui ? Précisément des suspects du camp retranché de Paris.

Les suspects sont donc protégés. Ils ont leurs papiers en règle. Quant à ceux qui craignent d'être examinés par la commission, ils se mettent bientôt en règle, eux aussi, à leur tour.

Ah ! cela ne leur est pas difficile.

Aucune preuve de nationalité ne leur est demandée. On les croit sur parole. La sûreté générale n'enquête pas sur eux. Beaucoup d'entre eux sont déjà connus. Ils sont logés gratuitement dans de petits hôtels à Paris. Ceux-ci sont des pauvres. Les riches, eux, achètent leurs permis de séjour.

Ils les achètent. Mais oui, messieurs. Cela vous étonne. Écoutez cette anecdote, publiée par le journal la *Liberté*, le 2 janvier dernier :

« Un Autrichien, bien connu à Paris où il a été expulsé de tous les cercles et tripots, se promenait un jour de cette semaine avenue du Bois-de-Boulogne. Il était affublé d'un petit chapeau vert qui accentuait encore son type boche. Un de nos amis, avisant un agent, lui dit :

« — Voulez-vous arrêter un Boche ? En voilà un. Celui-là je vous le garantis.

« Le garde haussa philosophiquement les épaules et répondit :

« — Croyez-moi, il n'y a rien à faire. Ils ont tous des permis de séjour. On les leur vend. »

Ce propos m'a d'ailleurs été confirmé par des fonctionnaires plus autorisés ! (*Mouvements divers.*)

M. LE MINISTRE DE L'INTÉRIEUR. Vous ne croyez pas cela, monsieur le sénateur.

M. GAUDIN DE VILLAINE. Vous n'êtes pas en cause.

M. LE MINISTRE DE L'INTÉRIEUR. Vous mettez mes fonctionnaires en cause.

M. GAUDIN DE VILLAINE. Messieurs, c'est un comble d'accorder des permis de séjour à des naturalisés qui n'ont pas été jugés dignes de conserver la qualité de Français, puisqu'on les a dénaturalisés.

Pour faire cesser cette incohérence, quand les ministres de la justice et de l'intérieur se mettront-ils d'accord ?

J'ajoute que, des doléances que j'ai reçues de fonctionnaires des services judiciaires eux-mêmes, il résulte l'incohérente situation suivante :

Chaque fois qu'un fonctionnaire de la police municipale se présente à la porte de l'un de ces appartements, une tête narquoise de Bavarois, de Wurtembergeois ou autre Austro-Boche le regarde venir et lui répond : « Permis de séjour — ministère de l'intérieur. Rien à faire. » C'est tout de même vexant pour des fonctionnaires français. (*Mouvements divers.*)

Et pendant ce temps, le gouvernement et les journaux allemands et autrichiens sont informés de tout ce qui se passe chez nous. Ils connaissent les mouvements de nos armées et les incidents de couloir du Parlement ; et pendant ce temps aussi des fabriques de munitions et des poudrières sautent... accidentellement.

M. LE MINISTRE DE L'INTÉRIEUR. Non, ce n'est pas exact.

M. GAUDIN DE VILLAINE. Et nous ne parlons que des Austro-Boches purs, mais il y a aussi les Austro-Boches naturalisés neutres, Américains par exemple, depuis la guerre, sans compter les Austro-Boches naturalisés français.

A propos de permis de séjour et de fabrication de faux passeports, vous connaissez sans doute cette extraordinaire affaire dont le parquet militaire de Paris vient de terminer l'instruction.

Un juif polonais ou russe, naturalisé français, naturellement, et déserteur, du nom de Maurice Ekstein, arrêté à Southampton est remis aux autorités françaises. Les faux papiers trouvés sur lui, car il se faisait appeler Szeffran Haïm, avaient été fabriqués et fournis par toute une bande de juifs comme lui, en permis de séjour ou vaguement naturalisés.

Or, écoutez ceci : dans la bande des faussaires figuraient un nommé Palédovi et un nommé Gitzner. Léon Palédovi demeure à Paris rue des Jardins-Saint-Paul. A la mobilisation, il offrit ses services, qui furent acceptés, au commissariat de police du quartier Saint-Gervais comme interprète pour le patois yudisch, couramment parlé par les juifs venus de Russie qui pullulent dans ce coin de Paris.

Il put, grâce à cette situation, trafiquer de la délivrance et du renouvellement des permis de séjour.

Le cas de Gitzner, qui habite avenue Parmentier, est non moins intéressant. Palédovi était auxiliaire de la police; Louis Gitzner en faisait partie comme fonctionnaire.

Il était, en effet, inspecteur au commissariat de police du quartier Saint-Gervais. Il est accusé d'avoir apposé sur de faux passeports le cachet et la signature de M. Lespine, commissaire de police. Il prétend n'avoir rien touché pour cette collaboration. On l'a laissé en liberté provisoire.

Ah ! Messieurs, Paris est bien gardé par la « Petite Pologne ».

Et, maintenant, une brève question à l'honorable ministre de l'intérieur.

Certains de ces préfets auraient-ils pour mission spéciale de servir de boîtes aux lettres aux Boches évacués dans les camps de concentration ? Tout le monde a lu, ces derniers jours, l'affaire Oscar Steinberg dans la *Chronique des tribunaux*. Or, voici une extraordinaire révélation due aux deux avocats de la cause

On lisait dans l'*Echo de Paris* :

« Mes Zévaès et Marc Perret ont affirmé que Steinberg, lorsqu'il fut interné dans un camp de concentration, près de Saint-Brieuc, y jouit de faveurs extraordinaires.

Par ordre du ministre de l'intérieur, ont textuellement affirmé les deux avocats, Steinberg était traité avec les plus grands égards; on lui laissait une grande liberté et sa correspondance lui était adressée à la préfecture.

« La chose paraissant tout de même un peu forte, M° Zévaès sortit de son dossier l'enveloppe d'une lettre adressée à Steinberg, sur laquelle était écrit : Aux bons soins de M. le préfet des Côtes-du-Nord.

« On n'est pas très fier d'apprendre que nos préfets et nos préfectures servent de boîtes aux lettres pour les Boches internés. »

M. LE MINISTRE DE L'INTÉRIEUR. Ce fait est complètement inexact : j'ai protesté, du reste, par une note. La seule chose exacte, c'est que dans la préfecture de chaque département où existe un camp de concentration, fonctionne une commission de censure qui vise la correspondance des internés.

M. GAUDIN DE VILLAINE. J'ai cité mes auteurs.

M. LE MINISTRE DE L'INTÉRIEUR. Nous avons tout de même le devoir de surveiller ces correspondances.

M. GAUDIN DE VILLAINE. Le *Journal*, lui aussi, avait commencé une campagne contre l'espionnage, sous la signature de Georges Prade.

M. CHARLES RIOU. Elle a cessé depuis.

M. GAUDIN DE VILLAINE. Or, en tête de son second ou troisième article, il publiait la suggestive note ci-après :

« Un mot de préambule : A la suite de nos premiers articles, le *Journal* a été l'objet de sollicitations ayant pour but d'obtenir de nous que nous laissions de côté, au cours de ces études, telles ou telles personnes, boches d'origine ou de relations, dont on nous répondait, bien entendu, des sentiments de loyalisme envers la France. Or, la France doit être en ce moment une maison de verre. Le public a le droit de connaître et nous avons le droit de lui signaler ceux qui plaident la cause de pareils clients. L'autorité de la personnalité, de la situation, donnant seule quelque valeur à une recommandation, nos solliciteurs ne trouveront donc pas mauvais qu'à dater d'aujourd'hui nous publiions les noms de tous ceux qui tenteront près de nous de pareilles démarches, dont il est indispensable qu'ils prennent, au grand jour, toute la responsabilité. »

Puis la campagne s'est arrêtée : que s'est-il produit ?

Mais je sais tout le patriotisme vigilant de notre excellent collègue Humbert, et la reprise de la campagne de salubrité, entreprise par le *Journal*, ne saurait tarder.

Paris-Midi, hier, écrivait, de son côté, cette note mélancolique :

« Au lieu de prendre les initiatives appropriées et d'établir, dans des conditions plus étroites, la surveillance des étrangers résidant ou voyageant en France, nos services de police préfèrent avouer leur impuissance et faire appel au concours du public, en lui répétant sous une forme puérile, comme suprême moyen de protection contre l'espionnage : « Taisez-vous, méfiez-vous, les oreilles ennemies vous écoutent. »

En effet, c'est puéril, sinon criminel.

Messieurs, le journal le *Temps*, que l'on ne saurait taxer de clérical ou de nationaliste — pour me servir d'expressions chères à nos incurables Homais ! — ou même de feuille d'opposition, imprimait dans son numéro du 4 mars 1916 :

« Les journaux allemands sont remplis de lettres authentiquement écrites de Paris par de prétendus neutres qui sillonnent la France et qui sont de vrais Allemands, à peu près bien déguisés. En outre, certaines communications ou correspondances tombées entre nos mains nous ont permis de constater l'existence d'un service d'espionnage dans les villes même d'une importance secondaire, mais assez bien placées pour faire parvenir des informations à l'ennemi. On n'arrive pas à détruire ces nids de vipères... »

La vérité est plus douloureuse encore.

Dans nombre de localités de France, comme dans certains arrondissements de Paris, tel le 20e, — parmi les humbles surtout, qui dépendent toujours et, plus ou moins directement, de l'administration — existe une vraie terreur allemande, de par les tolérances ou la complicité du Gouvernement...

Voici un exemple typique de ces tolérances, qui vont jusqu'à violer les lois existantes :

Il existe à Paris même, dans certaines écoles de l'Etat, une organisation préparatoire d'espionnage, ou tout au moins une pépinière de suspects indésirables que j'ai le devoir de souligner.

Dans le seul 4e arrondissement, il existe six écoles juives : deux de garçons, deux de filles, deux écoles maternelles.

La population enfantine en est totalement juive, de nationalités multiples toutes nominales et fort mal déterminées d'ailleurs, ne comptant « aucun orphelin de guerre » et pour cause !

Les naturalisés y figurent 2 à 6 p. 100 selon les années. Je n'insisterai pas aujourd'hui, car cela ne rentre pas dans mon sujet, sur la situation misérable faite aux instituteurs-adjoints non juifs attachés à ces écoles.

Je ne mets pas en doute d'ailleurs le patriotisme des autres maîtres, et quelle que soit leur confession religieuse; j'ai entendu seulement critiquer l'esprit d'une organisation tendant là, comme ailleurs, à créer un Etat dans l'Etat...

Le surplus des enfants, c'est-à-dire plus de 90 p. 100, appartiennent à des familles en permis de séjour, et ces permis sont essentiellement variables, car tel enfant inscrit une année comme autrichien, reparaît l'année suivante comme turc, comme russe ou roumain !

La mairie du 4e (si exigeante, comme toutes les administrations, avec les vrais Français), et qui assure les inscriptions, ne réclame même pas les bulletins de naissance.

Je passe sur la violation de la neutralité dans ces écoles juives, car si le programme de l'enseignement y est réglementaire, tout le reste de l'organisation pédagogique est confessionnel, contrairement à la loi française.

Ainsi les cantines où les aliments sont préparés, selon le rite juif, avec de la viande Kacher; les frais supportés par un comité juif, alors que les cantines scolaires de Paris doivent légalement dépendre de la Caisse des écoles.

Les congés, fixés aux samedis et aux dimanches; le premier, jour férié avec assistance à la synagogue; le second, jour ouvrier, alors, que régulièrement, à Paris et dans le département de la Seine, les écoles doivent vaquer le dimanche et le jeudi.

Laissant donc de côté toutes les irrégularités fondamentales d'une pareille organisation, j'arrive à ma conclusion :

C'est parmi les élèves des écoles juives (car il en est d'autres à Paris, ainsi à Auteuil) que se recrutent plus tard les membres de « l'Union scolaire », société peu bruyante, qui, sous ce titre banal, groupe une bonne partie de la jeunesse juive appartenant soit aux écoles consistoriales, soit aux divers établissements des trois ordres d'enseignement public à Paris.

C'est là le danger présenté par ces écoles qui sont surtout et sans appeler l'attention, une « fraternité d'étrangers » unis chez nous et contre nous.

Il est inexplicable que l'administration française ne mette pas fin à un état de choses dont elle doit connaître, et dont elle connaît tous les inconvénients, surtout en cette heure redoutable et au cœur de Paris.

A Auteuil (59, rue d'Auteuil), autre gamme. Grâce aux permis de séjour, un certain nombre de jeunes gens, Ottomans et Bulgares, de 18 à 27 ans, s'instruisent et correspondent librement depuis le début de la guerre, avec leurs pays d'origine, par un gros manitou de Salonique.

Le directeur de cette école serait un métèque naturalisé d'ailleurs, paraît-il, très considéré dans son quartier...

Messieurs, l'honorable M. Malvy, avec une entière bonne foi, je n'en saurais douter, a déclaré *urbi et orbi* et à moi-même que, sous sa vigilante et patriotique administration, il n'y avait pas d'espion en France pour cette simple raison qu'il n'y existait pas un seul Allemand, sauf quelques-uns munis de permis de séjour et dignes de tous égards, comme animés de sentiments très français personnellement ou méritant la même faveur comme ayant des fils ou gendres, eux Français, et tombés héroïquement sous les plis de notre drapeau !

M. LE MINISTRE. Vous me donnerez les noms.

M. GAUDIS DE VILLAINE. J'ouvre ici une parenthèse pour

expliquer que si je crois devoir, dans les exemples ci-après, n'apporter à la tribune que les initiales de certains noms, je tiens ces noms et tous renseignements complémentaires à la disposition du président du conseil :

Le baron de X..., présentement officier dans l'armée française où il a repris du service malgré son âge, et dont je tairai le nom pour l'instant, car il a tous ses bien en Alsace-Lorraine, sous la botte allemande, rencontre naguère au bois, un nommé Ep..., allemand, notoirement espion et qui réside à Paris, avec un permis de séjour signé Malvy.

Marchand de biens, en Lorraine annexée, intermédiaire pour les achats de terrains militaires allemands, associé en outre à son beau-frère, le nommé B..., négociant à Metz..., ce Ep... se dit Alsacien, parce que né en Alsace.

Le baron de X... n'hésite pas à arrêter le sieur Ep... et à saisir ses papiers, qui n'étaient d'ailleurs pas réguliers, puis il le signale au gouvernement militaire; mais la préfecture de police intervient, étouffe l'affaire et intime l'ordre au baron de X... (comme mobilisé) d'abandonner les poursuites .

Par les papiers saisis sur l'espion, le baron de X... (outre sa conviction personnelle déjà ancienne, car il connaît l'individu) — constate que, depuis 1914, il a fait de nombreux voyages en Allemagne, par la Suisse.

Autre affaire : celle-ci a reçu sa confirmation dans un jugement de conseil de guerre.

Le 13 janvier 1913, un officier anglais descend dans un hôtel parisien, rue Edouard-VII. Il veut demander son petit déjeuner. Et, au moment où, le téléphone décroché, il va parler, il entend cette phrase : « Avez-vous vu la belle victoire qu'ont remporté nos amis ? » (Il s'agissait de la prise du Mont Lovcen par les Autrichiens.)

Il s'agit d'une « victoire » allemande. Et c'est le garçon Metz, du quatrième étage, qui en téléphone joyeusement la nouvelle au garçon Popovitch.

L'officier anglais porta plainte, et Metz fut arrêté. On n'osa pas étouffer la voix d'un allié; si cela avait été un officier français, on l'eût prié, comme le baron de X..., de s'occuper de ses affaires.

Mais voici le roman vécu du nommé Metz :

Jean-Guillaume Metz est né à Aix-la-Chapelle (Allemagne), le 24 juin 1893.

Exerçant la profession de valet de chambre, il servait fréquemment dans les grands hôtels.

Arrivé en France, dans le deuxième semestre de l'année 1913, il prit du service à Paris à l'hôtel Saint-James et d'Albany, après avoir fait sa déclaration d'étranger pour obtenir de séjourner en France.

Et l'hôtel Saint-James et d'Albany était et est toujours dirigé par cet extraordinaire Lerche qui est Allemand, et qui l'est toujours, et dont les deux fils n'avaient pas encore revendiqué la nationalité française.

Il se rend ensuite à Biarritz pour y faire la saison d'hiver et entre au service du baron Powel Rammingen, époux de la princesse Frederiska de Hanovre, sujet allemand autorisé par M. Malvy, ministre de l'intérieur, à résider dans sa villa Moriscot à Biarritz, où il était servi par vingt-deux sujets allemands authentiques.

En mars 1915, une décision ministérielle prescrivit à tous les étrangers résidant en France de faire renouveler leur permis de séjour.

Le baron Powel se rendit au commissariat de police de Biarritz et remplit, au nom de son valet de chambre Metz, la formalité exigée en faisant inscrire sur le permis de séjour « né au Luxembourg », lorsque, en réalité, Metz avait vu le jour à Aix-la-Chapelle (Allemagne).

Je crois devoir souligner ici la fausse déclaration faite au profit de son valet par le baron Powel et l'incroyable facilité avec laquelle elle est acceptée et enregistrée par le commissaire de police de Biarritz.

Mais le baron est un si gros personnage et il a un permis de séjour signé : Malvy !

Mais Metz, en revenant à Paris, muni d'une permis de séjour, devait quand même retrouver son patron allemand, car Lerche, naturalisé par M. Malvy en pleine guerre, avait été dénaturalisé d'office, mais investi d'un permis de séjour de consolation.

Pourquoi Lerche ne reprit-il pas Metz ? Pourquoi le

laissa-t-il s'engager dans un hôtel de la rue Edouard-VII ?
Un permis de séjour de plus ou de moins à l'hôtel Saint-James et d'Albany, ce n'était pas une affaire !

Le délit qui était reproché à Jean-Guillaume Metz, qui comparaissait hier devant le 2e conseil de guerre, est celui de n'avoir fait faire sur la pièce qui lui avait été délivrée à Biarritz, d'après la fausse déclaration du baron Powel, la rectification légale qu'elle appelait au moment de son retour à Paris, après avoir quitté le service du baron allemand.

Jean-Guillaume Metz, défendu par Me Anquelin, a été condamné par le deuxième conseil de guerre à deux ans de prison et 1.000 francs d'amende, ce qui est beaucoup trop pour une phrase téléphonée et n'est pas du tout suffisant pour quinze mois d'observation ennemie.

Voilà donc notre Metz coffré, mais ses patrons Lerche et le baron Powel courent toujours.

Quelle sanction a été prise contre le commissaire de Biarritz ?

Ah ! nous sommes bien gardés !

M. Henry Bérenger. Regardés. (Sourires.)

M. Gaudin de Villaine. Un sujet belge, Pierre Roten, âgé de vingt-cinq ans, était arrêté, il y a quelque temps, en Angleterre, et remis entre les mains des autorités de son pays qui le recherchaient pour espionnage. Cité devant le conseil de guerre belge, siégeant à Calais, Roten fut condamné à mort, mais le roi Albert commua sa peine en celle des travaux forcés à perpétuité. Transféré hier à Paris, pour être dirigé sur le dépôt de l'île de Cézembre, à proximité de Saint-Malo, l'espion réussit à prendre la fuite à la gare d'Orléans. En cours de route, il avait scié, à l'aide d'une lime qu'il avait pu dissimuler, la chaîne qui le reliait à un autre forçat. Fort heureusement, il ne devait pas aller loin. En effet, quelques heures plus tard, il était retrouvé rue Beaubourg et conduit, non sans peine, devant le commissaire du quartier, M. Faralicq. On trouva sur lui un congé de convalescence établi à son nom et parfaitement en règle, qu'il était parvenu à se faire fabriquer avec on ne sait quelle complicité.

Ainsi, voilà un étranger, espion dangereux — dont aucun ami ou complice ne pouvait prévoir le passage, en liberté tout au moins à Paris — et qui, en deux ou trois heures, trouve moyen de se faire octroyer une pièce militaire en règle !

N'est-ce pas la meilleure preuve de toute une organisation d'espionnage, sévissant en plein Paris...

Autre histoire édifiante :

Un sieur D... (Suisse-Allemand), longtemps directeur d'une banque suisse à Francfort et résidant à Bâle, vient souvent en France où il sert d'intermédiaire entre financiers français et allemands. Naguère, une personnalité française ayant son fils prisonnier en Allemagne et voulant lui faire parvenir, économiquement et sûrement, des subsides, put, par l'intermédiaire de D..., lui faire ouvrir un compte-courant dans une maison allemande. Le prisonnier est, depuis, comme coq en pâte ! — le fait n'est pas isolé !

J'ai déjà signalé une princesse de nationalité neutre, dont l'hôtel est un des principaux centres d'espionnage à Paris : la valise diplomatique convoie les correspondances avec MM. de Schœn et de Ritter et avec le Kaiser lui-même !

Celui-ci s'est toujours servi de femmes de la haute société — ou passant pour telles — pour son service d'espionnage. Ainsi, la comtesse M... à Venise; la baronne M..., à Rome; la princesse B... longtemps à Paris; expulsée, elle opère présentement dans une ville balkanique...

C'est la princesse signalée plus haut qui a pris la succession, en faveur de son ex-impérial amant, ou plutôt son entourage composé de trois notabilités des deux mondes : un homme et deux femmes :

L'homme, ex-mari divorcé d'une princesse allemande, fait comte par le Kaiser et continuant de toucher sur sa cassette une forte pension; les deux femmes, l'une Espagnole d'origine, ayant mené à travers le monde une vie agitée, en dernier lieu comtesse de Z... — ainsi ayant ses entrées dans certains salons aristocratiques, très riche, remarquablement intelligente; l'autre, la comtesse X..., divorcée, a repris son nom d'origine. Tout ce monde-là, très dangereux, espionne ouvertement ou par rabattement ! Pourquoi le tolère-t-on ?

Auprès de certaines légations de pays neutres, ou autour, gravitent certaines personnes notoirement suspectes ! Le Gouvernement doit les connaître. Quelles mesures de précaution a-t-il prises ? A l'ex-ambassade d'Allemagne deux serviteurs allemands de M. de Schœn sont demeurés et fréquentent les milieux domestiques du quartier. A quel titre sont-ils là ?

Autour de la Butte, au pied du monument religieux où vont pleurer et prier les mères et les veuves de nos héros, quand donc en finira-t-on avec les bars et établissements louches, où l'on danse, les nuits, aux sons de la valse chaloupée : « Loin des balles ! » et où s'organise, en liberté, le réseau d'espionnage féminin, autour de nos officiers et fils de famille permissionnaires ?

M. LE MINISTRE. C'est inexact.

M. GAUDIN DE VILLAINE. Cela prouve que vous n'y êtes pas allé, monsieur le ministre. Je n'y suis pas allé non plus, mais j'ai été très exactement renseigné par des jeunes gens que j'avais priés de se rendre compte de ce qui se passe dans ces établissements.

M. LE MINISTRE. Il n'y a pas un établissement ouvert la nuit à Montmartre.

M. GAUDIN DE VILLAINE. Le fretin, nos pauvres poilus du front, on les guette au coin des gares, et l'alcôve sert de confessionnal et même d'autre chose... Quand balaiera-t-on ou coffrera-t-on toute cette vermine d'espionnes et leurs protecteurs, permis de séjour, naturalisés et autres embusqués ?

Autre exemple :

Celui-là, n'est pas un Boche, c'est un Oriental emboché. Nous nous contenterons de donner, pour l'instant, la première lettre de son prénom : M..., venu en France pour compléter ses études de pharmacie à l'âge de dix-neuf ans. Après avoir longtemps végété, il a tâté du journalisme, du théâtre, sans oublier la politique. A quarante ans, vers 1912, dégagé de toute obligation militaire,

il se demande pourquoi il n'est pas Français et se fait
naturaliser en 1913, malgré des notes de police défavora-
bles, qui ont dû être communiquées au garde des
sceaux d'alors! La guerre approche; l'a-t-il pressentie?
Au commencement de juillet 1914, M... vend son mobi-
lier et change de quartier; on le retrouve dans une pension cosmopolite sur les grands boulevards.

C'est là que le touche la mobilisation, car il est devenu
doublement français, et il est bombardé pharmacien militaire, non pas sur le front, mais dans un confortable
hôpital d'une grande ville, où il est appelé à soigner nos
officiers blessés et à recevoir leurs confessions entre deux
pansements.

M... a-t-il abusé de ces confidences? Nous n'oserions
l'affirmer, mais le choix de l'autorité militaire était au
moins risqué, alors que tant de nos meilleurs pharma-
ciens français sont au front, comme simples infirmiers,
parfois caporaux, après vingt mois de guerre!

Ajoutons que la naturalisation de M... a été confirmée
en 1915, toujours en ignorance, sans doute, du rapport
de police, car celui-ci concluait à la dénaturalisation.
Sans autres commentaires!... Parlerai-je de ce lieutenant
allemand en traitement à l'hôpital militaire du Pan-
théon, qui depuis de longs mois était en rapport avec
une femme Hopp (Allemande), veuve d'un soi-disant
Russe et a failli le faire s'évader. Cette femme, en permis de séjour, était suspecte depuis longtemps : la police ne faisait rien ! ! ! Il a fallu un dernier scandale pour
que l'on change l'officier d'hôpital et qu'on envoie la
femme Hopp dans un camp de concentration. Pourquoi
une peine aussi légère ???

M. LE MINISTRE. Il s'agit d'une Américaine.

M. GAUDIN DE VILLAINE. Oui, mais d'une Américaine
de Francfort !

M. LE MINISTRE. Je vous demande pardon...

M. GAUDIN DE VILLAINE. Elle est peut-être de Coblentz;
toutes sont américaines, car c'est dans ce pays que la naturalisation s'obtient le plus aisément : elle peut être ob-
tenue en vingt-quatre heures.

Continuons la nomenclature des suspects.

X... se disait, avant la guerre, directeur d'une fabrique aux environs de Paris. Propriétaire, en Seine-et-Oise, d'un château de la V... dominant toute la vallée et devant lequel il fit faire toutes sortes de travaux bizarres en ciment. Il avait chez lui, avant la guerre, une jeune et très jolie jeune femme qui était non seulement sa maîtresse, mais encore celle d'un officier prussien que l'on voyait, en civil, circulant dans la forêt de Rambouillet où les gardes forestiers l'ont surpris bien des fois inspectant, notant tout ce qui l'entourait.

Au moment de la mobilisation, X... fut, dit-on, mobilisé avec son automobile.

Sa jeune et jolie compagne a été arrêtée, à Auxerre, comme espionne! C'est d'elle que l'on a parlé dans les journaux. Quand les Prussiens s'avancèrent sur Paris, on trouva, dans un château près de Compiègne, appartenant à l'officier boche, des lettres d'elle où son rôle était expliqué. Une perquisition au château de X... fut effectuée par la justice de Rambouillet. Elle confirma ce que l'on avait découvert. On trouva, entre autres, un uniforme d'officier allemand.

X... est-il toujours mobilisé? Où? Et quel emploi a-t-il dans l'armée?

M. Z.... se disait sujet suisse et consul d'un pays lointain. Il a des papiers établissant cette dernière qualité qui n'a jamais été vérifiée.

Air arrogant. Monocle à l'œil. Allure d'officier allemand.

Locataire en Seine-et-Oise, d'un château appartenant à M. D...

Ce château est bâti sur une hauteur, point stratégique, masqué par des arbres, d'où l'on domine toute la vallée de la Mauldre et d'où l'on pourrait bombarder Saint-Cyr, Saint-Germain, Satory, et, sur une longueur de 35 kilomètres, la Seine entre Conflans et Meulan, la route nationale et le chemin de fer de Paris à Brest entre Versailles et Dreux, le chemin de fer stratégique de Plaisir-Grignon à Mantes par Epône.

Sur cette hauteur, au milieu des bois qu'il dépasse

légèrement, il y a un belvédère-bâtisse en fer où les hôtes du château vont admirer le panorama.

Au moment de la mobilisation, M. D... avait chez lui trois bonnes allemandes qu'il dut faire filer.

Après la déclaration de guerre, sa mère, qu'il fait passer pour légèrement folle, mais qui ne l'est pas, alla chez divers commerçants de la Queue-les-Yveline pour leur acheter des bénitiers qu'elle voulait placer dans ses chambres, disant : « La France va être châtiée .. Elle l'a méritée, etc... »

Cette femme fut surprise deux fois, par les garde-voie de la station de Garancières-La-Queue, en train de rôder sur les voies de chemin de fer, où elle examinait les aiguilles et les disques. Chaque fois Z... intervint et arrangea les choses.

Voyage beaucoup, censément pour son consulat; on le rencontre constamment à Paris.

Dans un superbe hôtel de la rue X..., gouverne une suivante authentiquement allemande, qui, peu de jours avant la guerre, réunissait à la table de sa maîtresse (la baronne X...) la fine fleur de toute la haute bocherie parisienne.

La baronne (excellente Française d'ailleurs) villégiature, en ce moment, en Suisse : la suivante demeure à Paris.

Quelle est sa situation de résidence ?

Dois-je signaler encore à l'attention du Gouvernement la présence à Paris, il y a quelques jours, du sieur de N... de F... (sujet autrichien), vague attaché d'ambassade, personnage dangereux ? Son hôtel est mis sous séquestre; mais il habiterait à côté.

La police fermerait les yeux par ordre.

Autres suspects : la femme M..., directrice d'un buffet militaire dans une de nos grandes gares régulatrices; Jacob H... dit L... dont la sœur fut arrêtée après avoir visité nos défenses de Cherbourg.

Enfin, je signalerai deux grands hôtels parisiens, l'un (rive droite) où fréquentent et festoient nos officiers permissionnaires ou blessés : personnel très suspect, bien que suisse, d'apparence; l'autre (rive gauche), fort à la mode pour les banquets patriotiques et autres et où se journent volontiers nos généraux : neutres suspects dans le personnel; j'ai un dossier très complet là-dessus. Une enquête a eu lieu, mais s'est terminée par un déjeuner où le policier fut l'invité et le gérant de l'hôtel l'inviteur !

Je placerai ici un document que je dois à l'obligeante collaboration de notre collègue M. Cazeneuve : c'est le séquestre et présomption d'espionnage de la maison Speidel et Cie, 8o, rue Taitbout, Paris.

Cette maison est une des plus importantes d'Indo-Chine. Ses affaires sont excessivement complexes et importantes. Elle traite, soit à Paris, son siège social, soit dans ses diverses succursales d'Indo-Chine, où elle vend les produits européens, en échange des produits indigènes qu'elle expédie en Europe.

Cette maison possède, en outre, des moulins, des rizières et diverses autres exploitations agricoles, ainsi que des immeubles en Indo-Chine.

Une maison de la région de Roanne, ne connaissant pas le nom du séquestre, a questionné une première fois MM. Speidel et Cie, pensant bien que la lettre parviendrait au séquestre nommé pour liquider la situation de cette maison allemande. Sa lettre est restée sans réponse.

Elle a, alors, le 17 janvier, adressé, toujours à MM. Speidel et Cie, 8o, rue Taitbout, une nouvelle lettre, mais recommandée, qui n'est pas revenue, ce qui prouve qu'elle avait touché son destinataire, mais qui est également restée sans réponse.

Lors d'un récent voyage à Paris, le gérant de cette maison s'est présenté, 8o, rue Taitbout, où il lui a été répondu que les bureaux étaient fermés et que le séquestre était l'huissier Gambier, 22, avenue des Ternes, Paris. S'étant immédiatement transportée à l'adresse indiquée, la personne en question a parfaitement trouvé M. Gambier, qui lui a répondu qu'il n'avait pas encore pu se mettre à jour de la correspondance très importante relative aux affaires de la maison Speidel (en dix-huit mois !).

Cet huissier, nommé séquestre d'une affaire excessivement compliquée, a même ajouté qu'il était très peu au courant de ce genre d'affaires, et que, même, il se senfait entièrement incapable de mener à bien sa mission sans le conseil de quelqu'un de compétent, ce qui l'avait amené à demander l'assistance d'un associé de cette maison allemande, lequel travaille tous les après-midi chez M. Gambier, le conseille et dirige évidemment ses résolutions dans le sens des intérêts allemands mis sous séquestre.

Cet associé, à la vérité, est citoyen suisse. C'est un M. Frey, qui a habité Paris de longues années, agissant pour la maison Speidel, comme chef de maison, le seul connu en France. Nous avons des raisons de croire que lui, ou quelqu'un qui lui est dévoué, fait de fréquents voyages en Suisse, où rien ne peut l'empêcher de se mettre en rapports avec ses associés de Francfort, et, par conséquent, de diriger, comme il est dit plus haut, toutes les résolutions dudit séquestre, incapable de prendre lui-même des décisions éclairées, dans un sens étroitement et rigoureusement conforme aux intérêts allemands.

Nous voudrions savoir une fois de plus quel est le but que s'est proposé le Gouvernement en mettant sous séquestre les biens et exploitations appartenant à des sujets allemands. Est-ce une mesure conservatoire, dont le but serait de pouvoir remettre aux sujets allemands précédemment installés en France leurs affaires en parfait état et en pleine prospérité après la guerre? En ce cas-là, il semble bien que le séquestre nommé pour la maison Speidel remplit entièrement ce but; ou bien, au contraire, comme beaucoup d'entre nous le croyaient et le trouvaient légitime, est-ce une mesure destinée à liquider la situation des Allemands installés en France ou aux colonies? En ce cas, on ne peut s'empêcher de trouver étrange :

1° Qu'on ait nommé séquestre d'une affaire aussi compliquée un homme aussi peu préparé à la gérer.

2° Qu'on ait autorisé cet homme à prendre les conseils d'un associé de cette maison allemande, car la qualité de citoyen suisse de M. Frey ne peut pas primer sa qualité d'associé de MM. Speidel et Cie, qui ont fait sa situation, vis-à-vis desquels il a un devoir de reconnaissance certain, et chez lesquels il a tous ses intérêts.

Quelles que soient les considérations qu'on puisse mettre en avant, il est de toute évidence que M. Frey agit en accord parfait avec ses associés de Francfort, dont il lui est extrêmement facile de prendre les avis et les ordres, car rien ne peut l'empêcher, lui citoyen suisse, d'aller en Suisse et, de là, de se mettre en rapports avec MM. Speidel et Cie aussi fréquemment qu'il le désire.

Voici le cas d'un espion décoré de la Légion d'honneur.

Andrée Hermann, avant la guerre, habitait, 20, boulevard du Midi, au Raincy, dans une maison dont il était propriétaire et qui est aujourd'hui sous séquestre.

Etait représentant de commerce de maisons allemandes et autrichiennes de porcelaine.

Avait à Paris, 8, cité Paradis, un magasin rempli de marchandises.

Il résulte de documents originaux trouvés au Raincy chez un autre Allemand nommé Muller, documents remis à la police judiciaire, que cet Hermann Andrée :

1° Etait un des amis intimes de M. de Radolin, ancien ambassadeur d'Allemagne en France;

2° Organisait, le dimanche, autour de notre capitale, des promenades pour jeunes gymnastes et éclaireurs allemands, employés, pendant la semaine, dans Paris;

3° Etait un des principaux administrateurs de la « Deutsche Hilfsverein in Paris » ou société de secours pour les Allemands de la région parisienne;

4° A été décoré de la Légion d'honneur, par le ministre français des affaires étrangères, à l'occasion du jubilé de l'école allemande qui fonctionnait à Paris, dans le quartier de la Villette, et aux destinées de laquelle il présidait.

Le conseil de l'ordre de la Légion d'honneur n'ayant pu être réuni à temps pour statuer, avant la fête, sur cette haute distinction, on n'attendit pas. On passa par-dessus les règlements et M. Andrée fut décoré le jour même de la cérémonie.

M. FABIEN CESBRON. Sur le champ de bataille! (*Rires.*)

M. GAUDIN DE VILLAINE. Actuellement, et depuis le commencement de la guerre, cet Hermann Andrée est dans le camp de concentration de Granville.

Là, il a organisé l'anniversaire de la victoire allemande de Sedan, et, à cette occasion, prononcé l'éloge du Kaiser dans de tels termes qu'un jeune Hongrois, Marcel Szego, son co-détenu, n'a pu s'empêcher de protester.

Continue-t-il, quoique prisonnier, à porter le ruban rouge de notre Légion d'honneur ? Pourquoi pas ? Aucun décret, jusqu'à ce jour, n'a radié ce dangereux Boche d'un ordre français dans lequel il entra de la façon extraordinaire exposée ci-dessus.

Des mesures extraordinaires viennent d'être prises depuis quelques jours dans le camp retranché de Paris et en Seine-et-Oise pour la protection de nos usines de guerre et de certains travaux d'art indispensables à la mobilisation.

Les autorités ont eu raison de prendre ces mesures...

Mais, comment a-t-on mis vingt mois à découvrir que des ouvriers travaillant dans ces usines, n'étaient même pas munis de papiers réguliers, et que certain ingénieur belge était éminemment suspect... ?

Toujours la même anarchie faite de faiblesse où de complicités.

M. LE MINISTRE DE L'INTÉRIEUR. Il y a longtemps que ces mesures ont été prises.

M. GAUDIN DE VILLAINE. Je pourrais, messieurs, faire, à travers les départements, un voyage circulaire et vous dénombrer la multitude de suspects qui me sont signalés.

Je ne retiendrai que deux ou trois exemples :

Les frères Ruthenburg (Moïse dit Max, et Jules), bijoutiers à Paris, 4, rue Sainte-Anne; Moïse a été dénaturalisé, et sa part de biens mise sous séquestre; avait été naturalisé au moment d'Agadir; il a été dirigé sur un camp de concentration.

Jules, propriétaire, à Dives-sur-Mer, d'une somptueuse villa, estimée plus de 600.000 francs, a été signalé à l'opinion publique par un récent procès avec le *Progrès de Dives*, qui l'avait très exactement traité de Boche naturalisé et qui fut acquitté en première instance et condamné en appel à 16 francs d'amende avec sursis, et sans dommages et intérêts, après plaidoiries, pour le *Progrès*,

de Me Frois, du barreau de Bernay, et pour Jules Ruthenburg, de Me Bénard, du barreau de Caen.

Dans son palais de Dives, Jules Ruthenburg vit seul
avec sa femme et sans domestiques; naturalisé en 1905,
il est garde séquestre de son frère Moïse. A Paris, son
fonds de commerce représente peut-être un capital de
40.000 francs.

Gens et maison suspects depuis longtemps. Sur le toit
de la villa, un poste de T. S. F. qui se manifeste par des
antennes, de vastes caves en ciment armé, éclairées par
d'énormes soupiraux en forme d'embrasures; au bout du
parc une terrasse en ciment armé; la propriété a vue sur
le Havre et domine les usines de Dives, où l'on fabrique
des munitions.

Le chef de gare de Dives, ayant un fils prisonnier, a
eu immédiatement de ses nouvelles par Jules Ruthenburg.

Ressources et moyens d'existence inconnus.

Le 23 février dernier, à dix heures du matin, le maire
de Saint-Hilaire-du-Harcouët (Manche) était informé
qu'un voyageur, d'allures suspectes, descendu à l'hôtel
de la Poste et ayant un fort accent étranger, déambulait
à travers le marché. Invité à se rendre à la mairie, inter-
rogé par le maire en personne, M. Lelièvre, il répondit
de façon embarrassée et mentit en ce qui concernait
l'heure et le jour de son arrivée. Il exhiba un sauf-conduit délivré par le commissaire central de Caen ! l'auto-
risant à se rendre à Saint-Brieuc et à séjourner dans de
nombreuses localités intermédiaires, dont Saint-Hilaire;
dans ses poches, de nombreuses coupures de journaux
ayant trait toutes à des affaires judiciaires. Il reconnut
s'appeler Isidore Kassvan et déclara qu'il voyageait pour
la maison, mise sous séquestre, 45, rue du Temple, à
Paris, mais, commerçant néanmoins sous la direction de
la « patronne » (sic); il avoua, en outre, qu'étant de nationalité autrichienne, non naturalisé Français, ayant
été seulement immatriculé comme étranger en 1898, il
voyageait pour des patrons qui n'étaient plus en France
depuis la mobilisation !

Sur question téléphonique adressée au commissaire
central de Caen, celui-ci répondit au chef de brigade que

ledit Kassvan était autorisé par autorité supérieure à séjourner à Caen, que le sauf-conduit dont il était porteur était régulier et valable et qu'il devait être laissé en liberté.

Et voilà, messieurs, ce qui se passe sur toute l'étendue du territoire.

Le maire de Saint-Hilaire a, dans la circonstance, fait tout son devoir; mais, désavoué en haut lieu, à quoi pouvait aboutir son intervention ?

Mais l'affaire a un P.-S. : le lendemain, une demoiselle Demoutier, mercière à Saint-Hilaire, recevait la facture des marchandises achetées au voyageur autrichien. Cette facture venait de la maison S. Kassvan, et ledit voyageur est bien le patron de la maison sous séquestre.

Ainsi, le patron lui-même d'une maison allemande mise sous séquestre voyage librement en France pour ses affaires.

Sans commentaires superflus.

Ferons-nous une petite pointe en Tunisie ?

Le 15 mars 1916, la sûreté de Tunis procédait à 6 heures du matin, à l'arrestation d'un sieur Pernühl, représentant de commerce, soupçonné d'origine autrichienne, mais naturalisé Anglais. Pernühl était depuis un certain temps en surveillance. Non seulement sa correspondance était devenue très suspecte, mais, d'autre part, il entretenait des relations très intimes avec une dame O..., Autrichienne, mariée à un Français mobilisé.

Des perquisitions pratiquées au domicile privé et dans les bureaux de Pernühl ont amené la découverte d'une volumineuse correspondance en langue allemande.

Comment a-t-on mis vingt mois à démasquer ce dangereux indésirable, et pourquoi a-t-il été purement et simplement expulsé de la Régence ?

Il reparaîtra demain, ailleurs, avec une nouvelle personnalité d'emprunt.

Je demande ici et formellement au Gouvernement de bien vouloir faire perquisitionner de suite dans un château de l'Oise, qui se trouve non loin du grand quartier général : je ne dis rien de plus, ne voulant pas donner l'éveil à un nid d'espionnage; mais je remets à M. le ministre les indications nécessaires. J'espère qu'il voudra agir dès ce soir et me tenir au courant des suites données.

Par ailleurs on lisait dans le *Paris-Centre*, journal publié à Nevers, la note suivante, datée du 11 mars 1916 :

« Il y a partout des agents de l'Allemagne.

« A Tours, les agents boches exercent avec une rare audace. Tous les jours, en effet, un certain nombre d'habitants reçoivent deux feuilles frappées à la machine à écrire : l'une contient le communiqué officiel français; l'autre, le communiqué officiel allemand (Wolff). Ces feuilles sont glissées sous les portes et chacun peut se livrer à des comparaisons et à des commentaires.

« Le but qu'on veut atteindre est de semer le doute, le découragement chez nous. »

M. LE MINISTRE DE L'INTÉRIEUR. Le préfet consulté a déclaré que le fait était inexact.

M. GAUDIN DE VILLAINE. J'en laisse la responsabilité au journal que je cite.

Messieurs, l'effroyable danger résultant de la présence, en France, d'une foule d'indésirables, Boches ou embochés, s'est récemment et précisément à la veille des attaques sur Verdun, manifesté de deux façons.

D'abord, par une recrudescence de rumeurs infâmes cherchant à exciter les défiances entre Français, rumeurs que le Gouvernement aurait eu le devoir d'étouffer immédiatement en envoyant à tous les préfets les ordres les plus précis et les plus sévères.

M. JÉNOUVRIER. Le danger est certain.

M. LE MINISTRE DE L'INTÉRIEUR. Le Gouvernement a pris partout les mesures nécessaires et depuis longtemps.

M. GAUDIN DE VILLAINE. Les propagateurs de ces rumeurs sont des espions allemands. Leurs complices, des aliénés ou des traîtres, deux catégories à mettre à l'ombre.

Or, on n'a rien fait. Pourquoi ?

La seconde manifestation est celle menée par la parole et par la plume contre notre haut commandement.

Il a pourtant droit au respect de tous à l'heure où,

en sacrifiant le minimum de soldats, il tient tête à la plus formidable ruée de l'ennemi, et lui barre la route. Car la route est barrée et les Allemands sont bien arrêtés à l'heure actuelle. (*Très bien! très bien!*) Nos chefs alliant l'héroïsme à la bonté paternelle. (*Vifs applaudissements sur tous les bancs.*)

M. VIEU. Nous sommes tous d'accord sur ce point.

M. GAUDIN DE VILLAINE. Là encore, l'œuvre des Allemands et de leurs complices est claire.

Voici maintenant, messieurs, un document qui laisse supposer une connivence entière entre les pouvoirs publics et les suspects qu'ils ont charge de surveiller : c'est l'affaire de l'usine Hérold, au Raincy.

L'administration de la guerre fait fabriquer des gaz asphyxiants dans une usine appartenant à une société anonyme, la Société industrielle de l'accumulateur alcalin, fondée à la fin de 1913 par un Suisse d'origine allemande, M. Hermann Peter Herold, demeurant au Raincy depuis plus de trente ans, qui servait d'agent de cohésion à l'élément suisse et allemand de la région de Raincy-Villemomble, considérée comme le centre d'espionnage allemand le plus actif.

Arrêté par l'autorité militaire dans les premiers jours de septembre 1914, au moment où les Allemands marchaient sur Paris, sous l'inculpation d'avoir fait des signaux lumineux, M. Herold fut relâché à la suite de démarches pressantes faites auprès de l'administration par ses associés du conseil municipal du Raincy dans une affaire immobilière dont il est l'âme et le créancier.

M. Herold s'était associé, pour fonder la société industrielle de l'accumulateur alcalin, avec un ingénieur allemand, né à Berlin, le 13 juin 1880, attaché à la grande société d'électricité de Berlin et domicilié, 15, Christian-strasse, Hugo Berenz.

A la sollicitation de M. Herold, Berenz quitta Berlin en mars 1913 et s'installa au Raincy, 43, allée de Gagny, à côté d'un des fils de M. Herold qui, quoique né à Paris, avait tenu à conserver sa nationalité suisse, Werner Herold.

C'est sur un terrain appartenant à la commune de Romainville et que celle-ci voulait donner à bail par adjudication, aux conditions d'un cahier des charges en date du 31 mars 1913, que MM. Herold et Berenz jetèrent leur dévolu pour la construction de leur usine.

Ce terrain, de forme triangulaire, ne se recommandait pas par sa conformation. En contrebas de la route nationale de Paris à Metz, il ne se recommandait pas davantage par son nivellement. En revanche, il se trouvait enchâssé entre cette route nationale, l'ancien chemin vicinal de Bobigny et la ligne de l'Est sur laquelle a été jeté le pont métallique qui fait communiquer Bobigny et Noisy-le-Sec, et dont l'effondrement, à l'heure de la mobilisation, interrompait les communications sur les voies de Paris à Belfort et de Paris à Avricourt.

D'autre part, l'administration avait fait traverser cette propriété communale par son réseau télégraphique appelé, en temps de guerre, à transmettre les ordres de mobilisation. (*Exclamations à droite.*)

Or, on sait qu'aux premières heures de la mobilisation, on reçut, dans certains centres militaires ou dans des gares régulatrices, des dépêches ayant les caractères de dépêches officielles et expédiées par des agents ennemis.

La Sûreté fit une enquête et arriva à cette conviction que ces dépêches étaient venues par dérivation entre le Raincy et Paris.

L'adjudication du droit au bail de ce terrain eut lieu au profit de M. Herold le 19 août 1913, moyennant un loyer annuel de 3.000 francs et pour une durée anormale de 33 ans.

Le 15 octobre 1913, M. Herold déposait les statuts de la société des accumulateurs alcalins non pas chez un notaire du Raincy, où il est domicilié, encore moins chez un notaire de Paris, où était fixé le siège de la nouvelle société, mais à Pontoise, chez Me Delvaux.

La durée de la société était fixée à quatre-vingt-dix-neuf ans, son capital social à 600.000 francs.

Le 6 novembre 1913, avait lieu la première assemblée constitutive de la société.

Le 20 novembre 1913, la seconde réunion désignait comme administrateurs : M. Hermann Peter Herold; ses deux fils : Werner et Charles-Victor qui, quoique nés à

Paris, ont conservé la nationalité suisse; MM. Émile Delbecque, ingénieur, et Auguste Delbecque, industriel; Marcel Fabre, ingénieur; Lelannier, administrateur d'immeubles, 3, rue Volney, siège social de la société; Llewellyn, banquier.

La direction de l'usine était confiée statutairement à Hugo Berenz, l'ingénieur électricien de Berlin, et à Victor Herold, ingénieur chimiste, à chacun desquels soixante actions étaient attribuées.

Dans les dernières semaines de 1913, l'usine fut construite par des entrepreneurs de nationalité suspecte, les frères Aeschmann, 52 *bis*, boulevard Saint-Jacques, qui employaient des ouvriers allemands.

Elle fonctionnait à peine quand la guerre fut déclarée. Berenz quitta précipitamment le Raincy pour rejoindre son régiment en Allemagne.

Une perquisition à son domicile au Raincy resta sans résultat. Les amis de Berenz avaient réuni ses papiers, les avaient entassés dans deux malles et mis en lieu sûr. Plus tard, cependant, quand, à sa demande, on porta ses meubles au garde-meuble, on trouva toute une correspondance suggestive entre MM. Herold et Berenz.

Mais, pour échapper au contrôle du séquestre, Berenz et Hans Robert Herold lui signifièrent un acte de cession de la part de Berenz dans la société des accumulateurs, moyennant 20.000 francs. Cet acte, sous seing privé, était daté du 20 février 1915, à Saint-Gall. Le séquestre tint pour nulle la cession, comme contraire à la loi qui interdit les relations commerciales avec les Austro-Hongrois. Et le séquestre fut maintenu.

On peut s'étonner que l'administration de la guerre fabrique des gaz asphyxiants dans une usine organisée par un ingénieur allemand, qui en était le directeur, et sous le contrôle des deux associés suisses de cet Allemand, dont l'un est ingénieur-chimiste.

On peut s'en étonner d'autant plus qu'aucun des fils de M. Hermann Herold, qui a quitté sa maison du Raincy pour aller vivre à Bâle, n'a voulu accepter de servir la France dans les rangs de son armée.

Une pétition, déposée à la Chambre, signale même le cas de l'un d'eux, Hermann Henri Herold, né au Raincy le 29 octobre 1890, qui n'a été compris dans aucune liste de recrutement de 1913 à 1915, malgré les instructions générales du ministre de la guerre.

Son père allègue qu'il n'était pas domicilié en France et qu'il n'avait pas à répudier la qualité de Français. Un rapport de police, contresigné par le préfet de Seine-et-Oise et adressé au colonel commandant le recrutement de Versailles, enregistre cette déclaration du père. Or le père lui-même a, au recrutement de 1911, déclaré son fils comme présent au Raincy.

De plus, ce fils avait contracté un abonnement à l'année sur la ligne de l'Est, du Raincy à Paris, ce qui marquait bien un domicile effectif chez son père au Raincy.

Il n'appartient, du reste, qu'à l'autorité judiciaire de décider ce point de fait et de dire si c'est à tort ou à raison qu'Hermann Henri Herold a été, comme tous ses frères, omis sur les listes du recrutement.

En terminant, il y a lieu d'indiquer que les seuls administrateurs français de la société des accumulateurs alcalins : MM. Delbecque et Fabre, furent, dans les derniers mois de 1913, dépêchés auprès du ministère de la marine pour lui proposer d'équiper nos sous-marins en accumulateurs alcalins.

C'était, pour leurs associés étrangers, le moyen le plus sûr de connaître officiellement le nombre de ces sous-marins et leur rayon d'action individuel.

Dans une lettre de Victor Herold à Berenz, saisie chez ce dernier, Herold annonçait triomphalement qu'il allait visiter le port militaire de Cherbourg.

Voici encore quelques anecdotes caractéristiques racontées par moi, naguère, dans la *Libre Parole* et que je juge utile de rappeler ici :

« Dans le courant du mois dernier, une dame appartenant à la haute société bruxelloise demandait à l'autorité allemande une permission spéciale pour aller visiter, en France, sa mère gravement malade : à la kommandantur, on la reçut fort civilement, lui objectant seulement qu'il importait, avant toute autorisation, que le gouvernement de Bruxelles fût renseigné par ses services spéciaux (??) du réel état de santé de Mme de X...! Quatre jours plus tard, la demanderesse recevait l'autorisation souhaitée; les services de renseignements allemands, dans le département de..., situé au centre de la France, ayant répondu que l'état de la malade présentait réellement de la gravité!! (Sans commentaires.) »

La dernière semaine, une personne de nationalité française habitant un de nos départements envahis, était autorisée à rentrer en France; de passage à Paris, elle monte dans un tramway et s'y trouve nez à nez avec un monsieur fort élégant, qu'elle reconnaît pour un officier allemand, qui, quelques semaines auparavant, était en cantonnement chez elle; elle fut à ce point saisie et émue qu'elle n'eut pas la présence d'esprit de crier sa découverte à ses compagnons de route : mais, de son côté, l'officier boche l'avait reconnue, et, au premier arrêt, descendait brusquement; notre compatriote en fit autant et se lança sur ses traces, mais elle le perdit de vue au détour de la première rue et n'eut plus que la ressource d'aller faire sa déposition dans le commissariat de police le plus voisin.

Autre exemple significatif : — il est d'hier ! — un de nos grands blessés retour d'Allemagne se promène sur le boulevard et avise soudain, dans un passant, un des officiers allemands préposés à la garde du camp où il était interné en Allemagne; il n'hésite pas et saisit l'homme au collet : résistance, discussion; l'étranger jure ses grands dieux qu'il y a méprise; qu'il est un tel, honorable commerçant, naturalisé depuis de longues années : les agents mènent les discuteurs au poste, et là le pseudo-Boche exhibe des papiers parfaitement en règle: naturellement, on le laisse s'éloigner, sous caution de se tenir à la disposition de la police, qui va enquêter. Ah ! le bon billet ! Le lendemain, on reconnaissait que tout était faux: nom, adresse, papiers; mais l'Allemand était devenu introuvable.

Autre fait encore ! Cette fois-ci, cela se passe dans le Nord-Sud : une Parisienne qui, par hasard, sait l'allemand, entend la conversation de deux individus à mine suspecte, qui sont dans le même compartiment qu'elle; elle ne saurait douter, ce sont certainement deux espions boches : à la station, elle descend derrière eux, et les suit, les voit entrer dans une maison et questionne la concierge : fraîchement reçue, elle attend devant la porte la sortie des deux Allemands, mais après une longue attente, elle se décide à quitter la place et à aller confier l'affaire au commissariat le plus voisin : l'officier de police recueille sa déclaration et la lui fait signer. Trois jours après, cette dame reçoit du commissariat une lettre chargée renfermant 3.000 francs; fort étonnée d'abord, elle lit qu'elle a aidé la police française à arrêter deux espions allemands des plus dangereux, recherchés par la police anglaise depuis longtemps, et que la somme d'argent mise sous ce pli est la prime réservée par celle-ci à la personne qui les ferait découvrir. Ainsi, notre police n'avait rien vu, comme d'ordinaire (pas d'affaires !!) et sans notre *honeste* bourgeoise, les deux malandrins opéreraient encore.

Une personnalité bien connue s'étonnait naguère des allures des habitants d'un hôtel voisin du sien : voisins aux allures exotiques, à l'accent emboché, aux habitudes noctambulesques et mystérieuses; sans parler d'allées et venues inquiétantes, de moteurs bruissant dans les soussols, de serviteurs à têtes boches, maniant, nettoyant, démontrant et remontant des armes variées dans les communs de l'hôtel. Elle fit part à qui de droit de ses observations et de ses inquiétudes. — C'est bien embarrassant, répondit le personnage officiel, car pour une dénonciation du genre de la vôtre, je reçois une demi-douzaine de visites me priant de ne pas inquiéter telle ou telle dame d'origine allemande, hongroise ou autrichienne, comme étant l'ornement indispensable de certains foyers de deuxième zone et la consolation innocente, quoique non désintéressée, de leurs vieux jours ! Alors, que faire et décider entre tant de sollicitations en sens contraire ? — Rien; c'est la plus simple et la moins compromettante des méthodes : dans l'espèce, vu l'importance du plaignant, la Sûreté fit cependant un semblant d'enquête. Mais les papiers des suspects étaient absolument en règle! Ne suffit-il pas d'y mettre le prix? et la noce souterraine continue...

Le 29 janvier dernier, lors de la venue du dernier zeppelin, dès le garde-à-vous sonné, la toiture de l'immeuble s'illuminait, et ce ne fut que sur la protestation véhémente des voisins qu'on éteignit !

Et puis-je vraiment, messieurs, passer sous silence ces deux incroyables affaires d'espionnage et de corruption tolérées si longtemps : Garfunkel (déjà nommé), escroc et cambrioleur, présidant à des enquêtes judiciaires, tripatouillant les dossiers secrets à la préfecture de police, faisant des tournées au front, en compagnie de parlementaires... Kuentzmann, flanqué d'un policier boche et d'un autre Allemand, recrutant des Alsaciens-Lorrains pour notre front...

On connaît sur ces faits le témoignage de l'abbé Wetterlé. Après de pareils scandales, on pourrait tirer l'échelle.

Voulez-vous encore une plus humble histoire :

Dans une ville, que je ne désignerai pas autrement, un brave citoyen, des plus honorables, fils, petit-fils et arrière-petit-fils de soldats français, habite pour son malheur une maison où l'appartement d'à côté est fortement emboché; naturalisés à la mode Delbrück ou en permis de séjour, ces voisins aiment la musique et les chansons allemandes; les soirs de soi-disant succès boches, le chahut wagnérien va son train; or, un soir, énervé, de chez lui, notre bourgeois de vieille souche française leur crie : « Silence aux Boches! taisez-vous, sales Boches! », d'où dénonciation, plainte et poursuites; le bon Français est arrosé d'une condamnation agrémentée de commentaires des chats-fourrés, tendant à le représenter comme un exalté, exaspéré par de mauvaises lectures, et ses accusateurs, comme d'excellents patriotes, de « doubles-Français » parce que originaires d'une région rhénane, allemande depuis plus d'un siècle, mais qui fut française un jour et a conservé, paraît-il, le culte de la patrie perdue! J'ajoute qu'il ne s'agit pas de « l'Alsace-Lorraine »...

« Oh ! ma tête », disait en sortant du tribunal le vieux patriote, condamné et vilipendé par la justice de son pays, alors que les « embochés » s'en allèrent triomphants, en chantant en sourdine le *Deutschland über alles...!*

Et j'ajoutai, comme conclusion :

« Ah ! oui, ma tête ! » on la perd au spectacle quotidien des choses actuelles, mais j'espère que tous les bons Français la retrouveront, un jour prochain, pour remettre bien des choses à leur vraie place, et bien des gens à la porte de leurs palais occasionnels... »

Côté des dames. — Après les exemples déjà cités, j'ajouterai ces deux anecdotes :

« Il y a quelques années, une jeune exotique, des Amériques du Sud, courait le cachet, à Paris, donnant des leçons de piano et de chant : rien de plus naturel et même de plus honorable... Or il advint qu'atteinte du mal du pays, elle s'embarqua; sur le paquebot elle fit connaissance, puis bientôt devenait la femme légitime d'un pseudo-baron de K..., qui, de son vrai nom, s'appelait tout simplement S..., était un juif d'origine allemande, et exerçait la lucrative profession de grand voleur international...

« Quelques mois se passèrent, puis un beau jour, la baronne de K... et sa mère débarquèrent à Paris; endiamantées des pieds à la tête, elles s'installèrent luxueusement dans le voisinage du Bois : ce fut la grande vie, la capitale comptait deux élégantes de plus.

« Il est vrai que le mari demeurait invisible, mais il est tant de ménages semblables à Paris ! La femme dépense, le mari travaille, et le baron K... travaillait beaucoup...

« Il travaillait même tant, qu'il fut un jour arrêté à bord d'un paquebot, où il avait consciencieusement dévalisé au jeu un certain nombre d'officiers anglais retour des Indes : condamné en Angleterre, le baron fut réclamé par l'Allemagne, avec laquelle il avait eu aussi quelques démêlés policiers : puis, la guerre survint et le baron disparut dans la tourmente...

« Mais la baronne, femme d'une intelligence remarquable, continue, quoique sans beauté, parmi nous, sa vie facile : où émarge-t-elle ? Certains feux follets, aux soirs d'invasions aériennes, le feraient peut-être découvrir !

« Mais, le côté comique de l'histoire, le voici : les deux femmes s'étaient liées jadis et intimement avec deux ménages de la noblesse républicaine : les ménages P... et X..., et, aux premiers jours de janvier 1913, toute cette aimable société devait aller villégiaturer gaiement en Italie...

« Mais, un événement politique survint, qui arrêta les frais : les époux P... étaient devenus les locataires d'un de nos palais nationaux.

« La seconde histoire n'est pas moins édifiante : la baronne X... (encore une !), veuve d'un ancien perruquier de Berlin, condamné peu de temps avant la guerre pour chantage et extorsion de fonds et mort en prison, est présentement l'amie d'un chef de publicité, mobilisé d'abord au front, puis, par la protection de celle-ci, dans un état-major de tout repos...

« Or, le mois dernier, cette dame flanquée de deux ou trois auxiliaires de même zone et accompagnée de quelques fils à papa dûment réformés, du service de guerre seulement ! crut devoir aller rendre visite à son protecteur, à Z...; départ en chemin de fer; arrivée en gare du chef-lieu, où le secrétaire général du département, en personne, et d'autres autorités attendaient avec plusieurs autos les voyageuses... et en route pour les cantonnements, les tranchées et le reste Joyeuses agapes au champagne. Rien ne manqua à la petite fête militaire, et tous les mystères de notre défense furent ainsi minutieusement visités par des drôlesses cosmopolites, alors qu'une honnête femme de France ne peut parvenir à visiter son mari sur le front.

« Certes ici, comme pour le cas précédent, nous n'affirmons aucune culpabilité, mais ces types restent inquiétants, tirés à des milliers d'exemplaires à Paris; mais j'ajoute ce souvenir, qui est comme le corollaire de l'anecdote précédente :

« Un commandant d'artillerie lourde avait si heureusement réussi à dissimuler plusieurs pièces placées sous ses ordres, que, malgré les ravages causées par elles, les Allemands n'avaient pu, depuis de longues semaines, repérer leur emplacement. Arrive, un beau dimanche, en autos, une joyeuse société de filles et de messieurs bien apparentés en haut lieu, munis d'ailleurs de toutes les autorisations possibles pour tout voir et visiter. On visita donc la fameuse batterie, on admira, on s'extasia, on prit d'innocents clichés.

« Or, quarante-huit heures après, les marmites boches pleuvaient sur l'abri jusqu'alors inviolé, et le commandant n'avait que le temps d'évacuer précipitamment la place ! »

M. LE MINISTRE. Vous protestez lorsqu'on attaque le haut commandement. Vous l'attaquez en ce moment : c'est lui qui délivre les autorisations dont vous parlez.

M. DEBIERRE. C'est le grand quartier général qui donne les laissez-passer pour le front. (*Mouvements divers.*)

M. GAUDIN DE VILLAINE. Et, messieurs, je conclurai ainsi :

Paris et son camp retranché, comme d'ailleurs toutes les villes proches du front, sont littéralement envahis par une nuée de sauterelles exotiques, toutes plus ou moins boches, malgré les papiers de complaisance dont elles sont armées; elles opèrent dans tous les mondes, mais surtout dans le monde officiel, si accessible par ses mœurs et ses antécédents; et voilà le danger de tous les jours, qui fait qu'alors que nous ne savons rien de l'ennemi, lui sait tout de nous.

« Ici, un personnage officiel, dont l'amie de cœur, la confidente fatalement, fut longtemps une Allemande avérée; là, un chef de service d'hier, marié légitimement à une Autrichienne, dont deux frères ou beaux-frères, serviraient sur le front austro-boche! Ailleurs, tels personnages, dont les relations galantes s'adressent à des juives balkaniques, à des « jeunes Turques », en rupture de harems, à des Polonaises de Cologne et à des Tchèques de Vienne, toutes créatures, protégées en haut lieu, en règle avec une police soumise; de mèche avec les officines d'espionnage boches, embusquées partout. »

Aussi, ai-je le droit de répéter encore: « La France honnête en a assez et le sang de nos enfants crie vengeance contre toutes ces faiblesses qui frisent la trahison. »

Messieurs, à propos des permis de séjour — qui ne devraient pas exister à l'heure où nous sommes, sauf de très rares exceptions — je vais répondre par avance à une objection dont M. Malvy essaiera, sans doute, tout à l'heure, de faire un effet de tribune facile, ou à l'aide de laquelle il tentera une petite diversion.

Mais vous aussi, me dira-t-il, vous êtes venu auprès de moi, solliciter des permis de séjour ?

Eh bien oui, et je m'en honore grandement, car voici dans quelles circonstances.

Un jour du printemps dernier, je reçois une visite inattendue, celle de la supérieure générale des petites sœurs des pauvres, de cet ordre admirable de charité, qui a su désarmer les défiances les plus sectaires.

Elle m'annonce que quelques-unes de ses sœurs, d'origine austro-allemande, sont frappées d'ostracisme immédiat.

C'est justice, et pourtant des représailles sont à craindre contre nos sœurs françaises à l'étranger.

Parmi elles, il s'en trouve une demi-douzaine, très âgées, de près de quatre-vingts ans, malades, intransportables. On leur impose, dans le délai de huit jours, le camp de concentration ou l'exode par la frontière d'Espagne. Pourquoi l'Espagne et pas la Suisse ?

Aussitôt je sollicitai et j'obtins de M. Malvy (dont l'attitude en cette affaire fut des plus courtoises) un délai pour deux de ces vieilles femmes, qui avaient usé leur vie au chevet des humbles et hier de nos blessés.

Ce fut une bonne action, monsieur Malvy, dont je vous ai remercié et dont je me félicite encore d'avoir été l'instigateur.

S'il n'y avait en France que des permis de séjour de cette sorte, le danger ne serait pas ici.

Mais j'ajoute, messieurs, — tout en les condamnant dans leur généralité,— que les permis de séjour, que l'on peut connaître, ne constituent pas le plus redoutable péril d'espionnage.

Les naturalisés suspects, qu'ils soient français, suisses, hollandais, américains, etc., sont infiniment plus dangereux, parce que, dans leur ensemble, ils échappent à tout contrôle, à toute surveillance possible; car, en réalité, ce sont des Allemands de cœur, de souvenirs et d'intérêts, campés chez nous et jouissant commodément d'une double nationalité.

A ce sujet, la preuve est faite et l'expérience déjà chèrement payée. — J'en appelle à tous mes collègues qui ont bien voulu, sans distinction de parti, m'apporter à ce sujet leurs doléances et aussi me documenter, sachant que je ne travaille ici que pour la France...

Mais il faut conclure, messieurs, et je ne saurais abuser de la bienveillance du Sénat, en apportant ici la liste de tous les indésirables que j'ai entre les mains.

Je la tiens à la disposition du Gouvernement.

Il me suffira d'affirmer qu'ils pullulent à Paris même, et malgré toutes les affirmations contraires et intéressées.

Si le pouvoir civil se reconnaît impuissant à nous débarrasser de cette vermine cosmopolite, qu'il le dise et cède la place à l'autorité militaire.

Et ainsi se trouvera enfin réalisée cette guerre d'appui si indispensable contre l'espionnage allemand.

Messieurs, notre collègue, M. Clemenceau, rappelle souvent, et non sans opportunité, « que les Prussiens sont à Noyon ! »

La meilleure méthode, pour les en chasser, serait de couper définitivement leurs communications avec leurs complices de l'arrière.

Mais, me direz-vous, où sont les moyens pratiques que je propose pour libérer Paris et la France de ces influences morbides ? Les voici :

1° Tous les permis de séjour dont bénéficient présentement les sujets des nations en guerre avec la France sont annulés, et leurs bénéficiaires, à leur choix, expulsés du territoire français ou dirigés sur des camps de concentration.

2° Tous les étrangers ayant, depuis le 1er juillet 1914, obtenu leur naturalisation soit comme Français, soit comme sujets de nations alliées ou neutres seront expulsés de la zone des armées et du camp retranché de Paris.

3° Les sujets des nations alliées, soumis aux obligations militaires de leurs pays respectifs seront mis en demeure de quitter la France ou de prendre un engagement dans un de nos régiments stationnés en Algérie ou autre colonie.

En cas de refus ils seront dirigés sur des camps de concentration.

4° Les sujets de nations ennemies, en âge de servir, ayant invoqué leurs sympathies pour la France afin d'obtenir des permis de séjour, seront soumis à la même obligation ou expulsés, ou placés dans des camps de concentration.

5° Aucune naturalisation ne pourra être accordée désormais aux sujets originaires de pays où existe une loi Delbrück; pour les autres, qu'après un délai minimum de quinze années de séjour, et pour les hommes en état de servir, après accomplissement des devoirs militaires imposés à leur classe, et dans la légion étrangère.

6° Aucun emploi, soit civil, soit militaire, rétribué par l'Etat, aucune décoration française, aucun mandat politique, ne pourront être attribués ou confiés aux naturalisés qui n'auront pas au moins vingt-cinq ans de séjour en France et satisfait à toutes les obligations militaires de leur classe.

7° Les pénalités les plus sévères seront édictées contre les étrangers qui n'ont pas fait les déclarations de séjour prescrites par les lois en vigueur.

8° Rattachement, au ministère de la guerre, de tous les services de la sûreté générale et de contre-espionnage aujourd'hui soumis à la juridiction de l'intérieur.

M. DEBIERRE. Voilà la conclusion!

M. GAUDIN DE VILLAINE. Toutes ces mesures devront être exécutées dans le délai d'un mois à partir de ce jour.

Messieurs, un dernier mot : un député de Paris écrivait hier, avec raison : « Après vingt mois de guerre, les indésirables inondent Paris et circulent dans toute la France, des milliers d'étrangers usent et abusent de notre hospitalité, la vie est de plus en plus chère sans limite raisonnable, le charbon est hors de prix, nos fabriques de munitions sautent de plus en plus.

« Les fils d'étrangers nés en France ne sont pas encore incorporés.

« Et la Chambre, le Sénat délibèrent, délibèrent toujours, délibèrent encore.

« Toutes nos lois sont des chimères ou des épouvantails sur lesquels les moineaux boches se perchent, audacieux et ironiques. »

Et un autre écrivain esquissait cette tragique et symbolique image de l'heure présente :

« Je dis que l'histoire enregistrera avec stupeur cette situation sans précédent : à l'avant, une hécatombe de héros; à l'arrière, une ruée de filous, de mercantis, de téteurs, de suceurs, de pompeurs, d'exploiteurs, d'espions boches et d'agents des Boches. » (*Exclamations à gauche.*)

Un sénateur, à gauche. Vous n'avez pas le droit de traiter ainsi tous les Français!

M. GAUDIN DE VILLAINE. Je ne parle, bien entendu, que des agents des Boches.

« Un immense fleuve de sang, sur lequel naviguent des galères chargées de butin, telle est l'image que je propose pour le fanion et le blason des emboches... »

Et le Gouvernement regarderait passer, confortablement encadré par l' « Union Sacrée », la « Censure » et l' « irresponsabilité » ?

Non, mille fois non; il ne faut pas qu'on puisse le croire et dire que, tandis que nos soldats combattent et meurent avec un héroïsme farouche, le Gouvernement délibère, ergote, émarge et dure. Car la guerre dure aussi, et criminelle serait l'impuissance retardant d'un jour, ou même d'une heure, la victoire méritée par tant de sang généreux.

Messieurs, vous connaissez tous cette belle toile due au pinceau du grand peintre Detaille : en haut, à l'aube naissante, passe dans les nuées toute l'épopée de nos gloires d'antan, alors qu'en bas le drapeau repose sur les faisceaux près de nos soldats endormis.

Mais voici que, devant la ruée des barbares, le drapeau s'est déployé; les petits soldats se sont dressés et ce sont les héros d'hier et de demain, ceux de la Marne, de l'Yser et de Verdun; et nous, spectateurs enthousiastes et douloureux de leur sublime sacrifice, nous hésiterions à collaborer à toutes ces énergies en purgeant l'arrière de toute la vermine cosmopolite ?

Voilà l'œuvre à laquelle je convie le Gouvernement, et je lui dis : « Il ne suffit pas de durer, il faut gouverner pour la France. » (*Vifs applaudissements à droite. L'orateur, de retour à sa place, est félicité par ses collègues de la droite.*)

La Réponse du Ministre

La réponse du Ministre de l'Intérieur Malvy fut d'une simplicité telle qu'on peut la résumer en deux phrases lapidaires.

1° « Il n'y a plus en France un seul Allemand en liberté. »

Nous n'entreprendrons pas la fastidieuse énumération des Allemands arrêtés, jugés, condamnés, depuis que fut apportée cette affirmation. Il n'y a qu'à lire les comptes rendus des Conseils de guerre et tribunaux pour être édifié.

En outre les journaux, dans une louable émulation, démasquent chaque jour leur Allemand.

2° « Dans la recherche des Allemands comme dans l'octroi des permis de séjour, le zèle, la clairvoyance patriotique et l'intégrité des fonctionnaires placés sous mes ordres sont au-dessus de tout soupçon. »

Or, au moment où ces lignes vont être imprimées, le deuxième conseil de guerre vient de condamner tous les prévenus dans une affaire de faux permis, sauf un inspecteur de police qui paraissait gravement compromis; mais à peine celui-ci recouvrait-il la liberté que la presse asseyait sur la sellette — sans qu'on puisse préjuger de l'issue de l'affaire — l'inspecteur général du ministère de l'intérieur Brunot.

L'espionne Liepmann, enfin condamnée à Bordeaux, le trop fameux Jellineck, et combien d'autres, pourraient en dire long sur ce chapitre... et vous aussi.

Mais nous ne devons pas oublier que nous sommes sous le régime de la Censure.

Quelques jours plus tard, le journal l'*Intransigeant* publiait la note ci-après :

La Censure et l' « Officiel »

L'Officiel est devenu la dernière maison où l'on peut dire sa pensée, où l'on peut aborder de front ces vérités que la Censure nous défend à nous, journalistes, de répéter. Seulement, voilà ! Quand l'*Officiel* est trop rempli de ces vérités, qui, éclatent comme un coup de tonnerre, l'*Officiel*, pudiquement, s'enveloppe de mystère et se dérobe aux recherches indiscrètes.

C'est ainsi que, dans la séance du 23 mars 1916, M. Gaudin de Villaine, revenant sur la question de l'espionnage, a fait au Sénat le discours le plus intéressant, le mieux documenté, le mieux renseigné et le plus plein de dessous qui ait pu s'entendre en période de guerre. Tout est à retenir dans les faits qu'il a cités. Malheureusement, si vous allez au siège même du *Journal Officiel* réclamer le numéro qui publie le compte rendu de ce discours, on vous répond : « Impossible, épuisé. »

Il n'y a plus un seul Austro-Hongrois en France

(Discours de M. Malvy, en réponse à l'interpellation de M. Gaudin de Villaine, du 23 mars, au Sénat) :

Gap, 14 avril. — Alors qu'on allait soumettre à la revision militaire les jeunes Serbes accueillis dans les Hautes-Alpes, trente-deux d'entre eux ne répondirent que par des grognements à l'appel de M. de Susini, sous-préfet d'Embrun.

Et, avec quelques difficultés, ils expliquèrent à ce dernier qu'ils ne voulaient pas aller se battre avec les Serbes, car ils étaient... *Autrichiens.*

Il y eut un vif émoi parmi les membres de la colonie serbe, qui voulaient faire un mauvais parti aux ennemis glissés parmi eux.

Les trente-deux Autrichiens furent immédiatement appréhendés et dirigés sur la prison, pour, de là, être envoyés vers un camp de concentration.

Painlevé le véridique

Au début de son discours aussi courageux que documenté sur l'espionnage allemand, M. Gaudin de Villaine avait cité le cas d'un professeur mal francisé du lycée de Montpellier parti en Allemagne depuis juillet 1914, jugé assez bon Allemand pour y garder sa liberté, et continuant d'y recevoir régulièrement ses appointements de professeur.

Cette révélation ayant impressionné le Sénat, Malvy avait aussitôt fait jouer le téléphone, et dès son apparition à la tribune, il jetait la suspicion sur la documentation de l'honorable sénateur par cette déclaration :

« Ainsi, il (M. Gaudin de Villaine) a prononcé, tout à l'heure, le nom d'un professeur français qui se trouve en Allemagne. Or, je reçois à l'instant cette communication de M. le ministre de l'Instruction publique : « Le nommé P... — celui dont vous avez parlé — est parti le 15 juillet 1914, à l'époque des vacances, en Allemagne, où il a été interné. L'économat lui a envoyé quelques minimes ressources, dans la forme que l'on prend d'ordinaire pour les prisonniers de guerre. »

Ainsi, il ne s'agissait plus que d'un malheureux compatriote, gémissant dans les ergastules boches, et auquel un économat compatissant faisait parvenir quelques minces subsides, de quoi faire nager de temps à autre une saucisse dans son noir brouet de captif.

Le contraste était saisissant, et comme il était facile, après cette affirmation, d'incriminer de légèreté le gênant interpellateur !

Le malheur, c'est que j'ai aujourd'hui la certitude, par des renseignements pris aux meilleures sources, que le sénateur de la Manche a rigoureusement dit la vérité comme toujours. Le moins qu'on puisse dire, c'est que M. Painlevé a été trompé et qu'il a trompé Malvy.

Prost — c'est le nom du professeur en cause — Prost n'a pas reçu de l'économat de légers subsides seulement : *son nom a figuré sur les états jusqu'en janvier 1916, et le collègue qui émargeait pour lui envoyait lui-même à son destinataire le traitement mensuel.*

Quand ce collègue avisa Prost qu'il ne voulait plus lui servir d'intermédiaire, le mal déboché demanda ce service à un autre collègue qui ne daigna même pas répondre.

Quant à la paille humide des cachots où croupissait Prost, si l'on en croyait Painlevé et Malvy, il faut en rabattre : *Prost a lui-même déclaré, dans une lettre à son correspondant, qu'il jouissait de sa « douce liberté ».*

Voilà par quelles contre-vérités a été enlevé un vote de confiance.

A. M.

Les deux pôles !

Sous ce titre, M. Gaudin de Villaine publiait le 8 décembre 1915, dans la *Libre Parole*, le curieux article qu'on va lire :

Une thèse, mon Dieu oui, rien de plus, voilà ce que j'apporte aux lecteurs de la *Libre Parole*, mais cette thèse exprime de ma part une conviction déjà ancienne que j'ai formulée devant de nombreux amis, dès l'origine du terrible conflit actuel.

L'X... du problème qui angoisse les deux mondes! Le mystère de l'heure présente ne réside sur aucun front, ne relève d'aucune initiative armée...

Il est d'ailleurs, à la remorque, des maîtres de la Terre, sous les espèces du cosmopolitisme financier, oscillant entre les *deux pôles* de la révolution mondiale.

C'est un soir, par surprise, et par une porte dérobée demeurée entr'ouverte, à la Constituante, que Mirabeau introduisit l'ennemi dans la place et fit asseoir le « juif errant » à notre foyer... Dès lors, les événements préparés de longue main, mais auxquels manquait le mystérieux chef d'orchestre, se déclanchèrent avec une frénésie automatique.

Dès 1789, l'évolution souhaitée par la nation était faite; les vœux formulés par les assemblées provinciales en font foi : c'est de l'histoire et de *l'indiscutable histoire!*

Tout le reste ne fut que sabbat révolutionnaire, compromettant toute l'œuvre de liberté en germe, provoquant les dictatures les plus invraisemblables et les plus terrifiantes, ouvrant à notre malheureux pays une ère de violences, de guerres et de ruines sans nom qui, malgré l'Epopée rayonnante et superbe, laissait après un quart de siècle la France diminuée, envahie et déchue de son rang d'arbitre de l'Europe!...

Mais une puissance nouvelle était née de ce chaos universel, et tandis que les rois discutaient de *sainte alliance* et que les peuples changeaient de maîtres, de nouvelles chaînes se forgeaient dans l'ombre et le mystère, qui allaient ligoter l'humanité du dix-neuvième siècle, comme ne le furent jamais les générations du passé...

J'ai rappelé naguère, à la tribune du Sénat, le geste du vieux Roth... ramassant ses premières guinées dans la boue sanglante de Waterloo; sur les ruines de l'Epopée, une nouvelle Bastille, auprès de laquelle l'ancienne n'était qu'un épouvantail de comédie, se dressait déjà : celle de la *féodalité financière cosmopolite*, avec, en haut, le capital anonyme et exploiteur de toutes les misères et les turpitudes humaines; en bas, le prolétariat révolutionnaire, asservi dans ses violences, ligoté et muselé dans ses vaines résurrections...

Drumont a dit un jour avec raison : « Depuis dix-neuf siècles, toutes les hérésies furent d'origine juive ». On peut affirmer, avec pareille exactitude, que, depuis un siècle, toutes les convulsions humaines, guerres ou révolutions, furent des opérations financières à terme, des coups de bourse internationaux, pratiqués par la haute banque cosmopolite...

Les sans-patrie d'en haut manœuvraient de plus en plus et à leur guise les sans-patrie d'en bas, et la révolution à deux têtes : l'une auréolée d'un tortil de baron, l'autre coiffée du bonnet rouge ou de la casquette symbolique, bousculait les trônes et fabriquait des nationalités pour le plus grand bien du sionisme universel...

Jusqu'aux lendemains de l'Année terrible, l''Angleterre fut pour l'œuvre sémite de domination universelle, la nation élue et choisie entre toutes, parce que par le caractère mondial des colonies de son empire, elle semblait devoir être le véhicule naturel de l'autre conquête...

Mais depuis 1870 et surtout depuis vingt-cinq années environ, l'œuvre de proie concurrente menée par l'Allemagne sur le terrain économique, en attendant mieux — et, il faut le reconnaître, avec un génie commercial sans précédent — orienta vers de nouveaux horizons les ambitions souveraines du cosmopolitisme financier.

Le Pactole remontant vers sa source, revenait baigner de ses ondes d'or le ghetto ancestral et les câbles de la finance internationale ne furent plus tenus à Londres, mais à Berlin, Francfort et Vienne...

D'immenses capitaux étaient ainsi engagés sur le tableau allemand lorsque éclata soudain la guerre actuelle, prévue et préparée par la haute banque cosmopolite contre la France et la Russie, mais à une échéance moins rapide, et avec l'arrière-pensée d'une Angleterre cantonnée dans sa neutralité...

On escomptait d'ailleurs un succès foudroyant et rapide...

Le canon de la Marne eut surtout son écho douloureux dans les caisses juives, d'autant plus qu'il résonnait comme le tocsin d'une faillite.

La révolution mondiale, « une » jusque-là, se désagrégeait : celle d'en bas secouait ses chaînes dorées qu'on croyait forgées à jamais depuis la répétition sanglante de la Commune de Paris, et se remémorant ses origines, prenait nettement parti pour la France...

C'était la menace d'un krach formidable et, pour y parer, la haute banque cosmopolite consentit un effort immense et sans précédent : cherchez là, et là seulement, l'explication des ressources intarissables que, depuis seize mois, les empires du centre ont trouvées pour toutes leurs œuvres de résistance et d'offensive, depuis la diffusion de leur espionnage mondial jusqu'à la corruption des pays neutres et hésitants...

Jamais l'Allemagne et l'Autriche, abandonnées à leurs seuls moyens, n'eussent présenté cette inexplicable résistance aux efforts des alliés...

La Révolution d'en haut, cosmopolite et capitaliste, entend préserver l'Allemagne, sinon d'une défaite honorable et ne déflorant en rien son outillage national, du moins d'un écrasement et de ses conséquences financières irréparables.

La Révolution prolétarienne, à part quelques annexés à gages, rêve derrière nos victoires d'écroulements de trônes et de république européenne !

Laquelle des deux vaincra l'autre ? Le dernier mot sera-t-il en faveur du prolétariat, enfin émancipé de la tutelle sémite, ou appartiendra-t-il aux puissances d'argent ?

Entre ces deux pôles de l'avenir, la fortune hésite : l'X... de demain est là et pas ailleurs...

Pourquoi ?

. . . .
. . . .

Et cette pensée n'est pas seulement mienne, — elle appartient à d'autres, qui ont étudié, pesé, analysé les mystérieux *dessous* de notre époque.

Un des esprits les plus avertis et les plus curieux du monde slave : juif d'origine (ainsi il ne sera pas suspect à mes contradicteurs éventuels), le grand écrivain russe Dostoïevski, qu'on ne saurait taxer de réactionnaire, car le génial auteur de *Crimes et Châtiments* fut déporté en Sibérie, écrivait, en 1880, ces paroles prophétiques :

« Le Juif !... Bismarck, Beaconsfield, la République française, Gambetta, etc., tout cela comme force n'est qu'un mirage. C'est le Juif seul et sa banque qui est leur maître à eux et à toute l'Europe.

« Tout d'un coup, il dira *veto*, et Bismarck tombera comme une herbe fauchée.

« Le Juif et sa banque sont maintenant les maîtres de tout, de l'Europe de l'instruction, de la civilisation, du socialisme, du socialisme surtout, par quoi le Juif arrachera le christianisme et détruira sa civilisation.

« *Et quand il ne restera plus que l'anarchie, le Juif se mettra en tête de tout. Car en propageant le socialisme, les Juifs resteront unis entre eux; et quand toute la richesse de l'Europe sera dissipée, il restera la banque des Juifs.* »

Eh bien ! regardez autour de vous, — contemporains, mes frères de douleur d'aujourd'hui; peut-être plus avisés que hier ! — méditez le présent, penchez-vous sur l'avenir, et vous reconnaîtrez certainement que le programme est en marche..., en voie d'exécution !

Vous saisirez enfin le *Pourquoi* de bien des choses; — vous comprendrez que la guerre universelle est en train d'accomplir ce que l'anarchie révolutionnaire n'avait pas eu le temps ou le loisir de détruire.

Mais c'est toujours la même pensée, universellement destructive, préparant l'avènement des puissances d'argent sur les ruines des civilisations chrétiennes.

Le *Pourquoi du néant !*...

****

Un publiciste de grand talent, — dont on ne saurait suspecter l'impartiale loyauté, — car s'il dénonce aujourd'hui la *Conquête juive*, il fut, à une certaine époque, le principal ouvrier, avec M. Bernard Lazare, de la révision de l'*Affaire*, Urbain Gohier, écrivait en 1909 :

« *Les enjuivés de la politique, de la finance et de la presse sont les fourriers de la prochaine invasion allemande.* »

L'histoire, mieux que moi, écrira demain si cette prédiction s'est réalisée...

Mais la *névrose sémite* n'aura pas le dernier mot : Malgré tous les *Judas* et les *Barabbas* attachés à ses flancs, la France immortelle vivra ! Les signes rédempteurs de la Providence sont déjà sur Elle... Voilà le « *Pourquoi* » de ma force et de ma confiance...

Et quelle douceur, pour moi, dans la mêlée, — au-dessus des haines, des colères, des menaces misérables de tous les embochés débusqués, — de sentir monter vers moi, en des milliers de lettres, les fidèles sympathies de tous les vrais Français de France; et parmi toutes, je n'en citerai qu'une ici, venue de l'abbaye de Gif, il y a quelques semaines, au plus fort de la dernière mêlée, et signée du nom de la grande Française qu'est Mme Juliette Adam :

« *Vous êtes vaillant ! c'est-à-dire vraiment Français: — Je vous sais personnellement gré de votre courage. — Avec amitiés.* »

Comme ces quelques mots, n'est-ce pas, suffisent à consoler des venimeuses insinuations d'un primaire, fût-il ministre !...

GAUDIN DE VILLAINE.

(*Libre Parole* du 21 mai 1916.)

LA GUERRE EN CHAMPAGNE

AU DIOCÈSE DE CHALONS

(Publié sous la direction de Mgr Tissier, évêque de Châlons.)

4e édition, revue et augmentée d'un Appendice sur les cruautés allemandes dans la Marne, d'après les Rapports officiels de la commission d'enquête. In-12 de 528 pages. Prix : 3 fr. 50.

Cet intéressant volume est le fruit d'une œuvre collective, car quel est l'écrivain qui aurait pu colliger tant de faits, surgissant à la même heure sur les différents points du territoire? Tous ces collaborateurs ont été groupés par *Mgr Tissier*, évêque de Châlons; ils étaient animés de son zèle pour la patrie et pour la religion. Ils pouvaient parler en connaisseurs, en adorateurs fervents, de ces églises si belles, si remplies d'histoire et de souvenir, aujourd'hui détruites après avoir pendant des siècles survécu aux révolutions, à tous les cataclysmes sociaux.

Qui pourrait lire sans émotion ces récits de l'invasion à Châlons, à Epernay, à Vitry à Maurupt-le-Montoy, à Sermaize, à Esternay, à Baye, à Mourmelon-le-Grand, à Sainte-Menehould, à Suippes, dans la vallée de la Tourbe et en Argonne? Tout y est, nous pourrions le dire, sublime. *(L'Avenir Social.)*

Abbé CALIPPE : LA GUERRE EN PICARDIE, avec une préface de Mgr de la Villerabel. In-12. Prix : 3 fr. 50.

Cet ouvrage comprend deux parties : Le premier passage des Allemands (août-15 septembre 1914), le retour offensif des Allemands (15 septembre-décembre 1914. Mgr de la Villerabel, évêque d'Amiens, en a très exactement indiqué le mérite dans sa lettre-préface. « Votre patience d'érudit, écrit-il à l'auteur, s'allie à l'élégance du littérateur. Sans vous permettre la fantaisie, vous ordonnez avec clarté, vous racontez avec charme tout ce que vous avez appris. J'admire avec quelle facilité vous fondez en un tout harmonieux les récits, les notes prises au jour le jour, les anecdotes, les enquêtes officielles, les témoignages authentiques. Narrateur ému de l'invasion allemande dans le diocèse d'Amiens, vous laissez passer sous votre plume le frisson de votre cœur de Français; mais votre amour vibrant de la patrie ne trouble jamais votre jugement impartial. La lecture de votre livre ne réclame aucun effort. Tout y arrive sans apprêt, mais à point. Vos sous-titres de chapitres piquent la curiosité; le texte la satisfait. » M. Calippe a eu l'heureuse idée de joindre au texte une carte de la Picardie et des illustrations très soignées. Son livre, qui est un modèle du genre, intéressera tous nos confrères, à quelque région qu'ils appartiennent.

(Revue du Clergé français.)

P. Téqui, libraire-éditeur, 82, rue Bonaparte, Paris-VI

LA GUERRE EN ARTOIS

PAROLES ÉPISCOPALES, DOCUMENTS, RÉCITS

(Publié sous la direction de S. G. Mgr Lobbedey, évêque d'Arras.)

1 vol. in-12 illustré. Prix : 3 fr. 50

Ce livre raconte la guerre en un des pays de France où elle a été le plus intense. L'historien est le vaillant évêque d'Arras, par ses paroles apostoliques et sa vie héroïque, dans sa ville bombardée. Il s'est documenté aussi près des témoins les plus autorisés, qui y parlent et qui y vivent, chacun avec sa note personnelle.

L'inspiration du livre est donc faite de haute doctrine unie au patriotisme; les événements forment le contraste le plus varié et le plus pathétique, entre les manifestations multiples du courage et de la foi, et les raffinements d'une *culture brutale*. On y admire la résistance à une barbarie sans nom, dans la défensive et l'offensive; la vie militaire et chrétienne, dans les tranchées, sur les champs de bataille, aux ambulances et à l'arrière; les manifestations religieuses et charitables créées par la guerre.

A travers la trame méthodique du récit inédit, se multiplient les épisodes les plus variés : des scènes épiques ou familières, des tableaux de vaillance et de charité, de multiples preuves de ce qu'ont su faire des organisations officieuses, pour soulager tant de deuils et de misères.

L'Artois donne ainsi, sur le front et au delà, sa magnifique mesure d'ensemble, à tous les degrés de la société; nos alliés ne sont pas oubliés. Une anthologie de poésies locales sur la guerre, un essai sur les œuvres d'art que celle-ci a inspirées en Artois, fournissent un chapitre très neuf; des illustrations choisies font revivre le désastre des monuments, avec des scènes de guerre.

L'ouvrage est clairement divisé en six livres, se rapportant aux sujets suivants : *Le Saint-Siège et l'Église d'Arras;* — *Le « Défenseur de la Cité »* (rôle de l'évêque dans les ruines, les ambulances, les sanctuaires et les tranchées); — *Dieu et Patrie* (héroïsme du clergé, avec plus de cinquante citations et dix décorations, et de multiples croix de guerre); — *Le Martyre d'Arras* (récits tragiques); — *Sur le front d'Artois* (exposé des luttes qui, dans les offensives de 1915, ont illustré Souchez, Carency, Ablain, Neuville, Lorette, Vermelles, Loos, le pays de l'Alleu, etc.); — *A l'arrière* (manifestations de foi et de charité, pour les victimes de la guerre, les réfugiés, etc.).

Une Ame de Saint : Hubert de la Neuville, lieutenant d'infanterie, tué à l'ennemi le 28 septembre 1915, par l'abbé J. POIRIER.

P. Téqui, libraire-éditeur, 82, rue Bonaparte, Paris-VI

Mgr Tissier : POUR LA VICTOIRE. Nouvelles Consignes de Guerre. 1 vol. in-12. Prix : 3 fr. 50.

Des tranchées où ils surveillent l'ennemi, des forêts où ils l'arrêtent, des plaines d'où ils le repoussent, Mgr Tissier appelle « les Héros de l'Argonne » et les vainqueurs de Souain. Sur la « Moisson des tombeaux », jonchée des cimetières ou sépulcres épars, il crie : « Vivent les morts! » Sur les champs rédempteurs, il voit couler « le Sang de France »; sur les ruines des villages, il suppute la valeur de « la Rançon »; aux jeunes confirmands, il dit : « Vous serez soldats »; aux prêtres : « Il faut des saints »; aux femmes chrétiennes, il prescrit les Œuvres de guerre »; à tous, il répète le cri de Marie : « Pénitence! » Ainsi, à la vision des désastres il oppose le devoir de la réparation; aux hymnes qui chantent l'héroïsme il joint les « Consignes de guerre ». Son livre charme, fortifie, émeut, encourage, mais aussi il instruit.

(Semaine religieuse de Laval.)

— Sur le Front : Consignes de Guerre. 1 vol. in-12. 2ᵉ édit. Prix : 3 fr. 50

Edouard Poulain. Réfutation décisive des onze rumeurs infâmes sur le Clergé français. In-12. Prix : 1 fr.

TABLE DES MATIÈRES. — Iʳᵉ accusation : Les curés sont cause de la guerre. IIᵉ Les curés ont fait éclater la guerre pour se venger de la loi de Séparation et renverser la République. IIIᵉ Les curés ont fait faire la guerre pour, grâce au triomphe de l'Allemagne, rétablir le pouvoir temporel du Pape et détruire l'œuvre laïque accomplie en France. IVᵉ. Les curés, voyant le vide se faire dans leurs églises et les fidèles se soustraire à leur direction spirituelle, déchaînèrent la guerre pour faire refleurir la foi et reprendre le gouvernail. « *Is fecit scelus cui prodest.* Celui qui a commis le crime est celui à qui il profite. » Vᵉ. Du moment où les curés ont ramassé de l'or et l'ont porté à la Banque de France pour permettre au gouvernement de continuer la lutte, c'est donc qu'ils voulurent la guerre. VIᵉ. Les curés ont fourni des fonds à l'Allemagne pour la guerre; ils lui ont envoyé notamment l'argent du denier du culte. VIIᵉ. Les curés sont des traîtres, des Judas, des vendus. VIIIᵉ. Les curés sont des poltrons et des lâches fuyant devant l'ennemi. IXᵉ. Les curés mobilisés sont des embusqués. Xᵉ. Si les curés l'avaient voulu, ils auraient empêché la guerre. XIᵉ. Si les curés n'ont pas fait la guerre, ce sont eux qui la font durer. — Conclusions.

Mgr J. Tissier : LA FEMME AU FOYER. 3° édition. 1 vol. in-12. Prix : 3 fr. 50.

Très remarquable code pratique de morale domestique où presque toutes les questions qui touchent à la vie personnelle des femmes et à la vie intime, au foyer des épouses et des mères sont étudiées avec la sincérité qui convient à un prêtre et à un évêque et reçoivent une solution chrétienne. — Ce volume, après une introduction sur la *responsabilité* des femmes, traite, dans les neuf chapitres de la première partie, des *attitudes morales* en général; — dans les neuf chapitres de la deuxième partie, des *attitudes morales au foyer;* et dans les neuf chapitres de la troisième partie, des *péchés actuels de la famille.* — A cette heure où l'âme de la femme, directement ou non éprouvée par la guerre, doit partout devenir plus sérieuse, un pareil livre est un bienfait par les sources de graves réflexions qu'il ouvre et par les conseils salutaires qu'il répand. Puisse-t-il être beaucoup lu pour le plus grand profit chrétien et français de nos familles!

DU MÊME AUTEUR :

La parole de l'Evangile au Collège, 3° édition. In-12	3 50
Les Jeunes Ames, 2° édition. In-12	3 50
Le Bon Esprit au Collège. In-12 (Epuisé)	3 50
Soyons Apôtres, 2° édition. In-12	3 50
La Vieille Morale à l'Ecole : l'Ame du Collège, 2° édit. In-12.	3 50
Les Femmes du Monde, 4° édition. In-12	3 50
La Vérité aux Gens du Monde. 3° édition. In-12	3 50
Consignes de Guerre, 2° édition. In-12	3 50
La Guerre en Champagne. 4° édition	3 50
Pour la Victoire : Nouvelles Consignes de Guerre. In-12	3 50
La Langue des Femmes. 2° édition. In-12	3 50
Les grands Jours du Collège. 2° édition. In-12	3 50

Saint Thomas d'Aquin et la Guerre, par le R. Père Th. Pègues, professeur de saint Thomas au Collège Angélique. Brochure in-12. Prix : 0 fr. 50.

Les sous-titres de la brochure en précisent le contenu. Ils correspondent à chacun des six chapitres qui la composent : La paix et la guerre; — La guerre juste; — La guerre sage; — La guerre honnête; — La guerre sainte; — La paix. Pour nous, dont la guerre est d'une si éclatante justice, la lecture de ces pages est d'un puissant réconfort. On est heureux d'y voir flétrir comme ils le méritent les procédés malhonnêtes qui ont révolté le genre humain. Et, en même temps, l'on y apprend à se garder des illusions malsaines d'un faux pacifisme, ou des erreurs pernicieuses d'un laïcisme qui est de nature à irriter la colère divine. Enfin, la question de la paix et du traité qui doit l'assurer s'y trouve précisée et résolue en termes qu'on ne saurait trop relire et méditer.

P. Téqui, libraire-éditeur, 82, rue Bonaparte, Paris-VI

JOURNAL APOLOGÉTIQUE DE LA GUERRE, première série, 1914, par M. l'abbé DUPLESSY. 1 volume in-12. Prix : 3 fr. 50.

Voulez-vous une lecture à la fois édifiante et récréative, charmante, instructive et réconfortante ? Choisissez le recueil d'articles de la *Réponse*, que M. l'abbé DUPLESSY vient d'éditer sous ce titre : *Journal apologétique de la Guerre*. De chaque fait survenu durant cette période tragique, inoubliable, grandiose, de notre vie nationale que fut le second semestre de l'année 1914, l'auteur dégage les leçons profondément salutaires avec un sens catholique jamais en défaut et, ce qui ne gâte rien, avec une verve toute parisienne. Parmi les chapitres les plus savoureux du recueil, nous mentionnerons l'article du 26 septembre et l'article du 18 novembre 1914, consacrés tous deux aux transformations plus qu'étranges que les progrès du laïcisme avaient introduites dans les éditions récentes du volume, si fameux dans les écoles : *le Tour de France par deux enfants* (de Bruno). Rien de plus significatif que la reproduction parallèle de telle page de l'édition *primitive* et de la page correspondante de l'édition *corrigée*. De la sorte, on assiste à l'escamotage (dans le texte et dans l'illustration) de la cathédrale de Reims (p. 97-98), de Notre-Dame de la Garde (p. 218-219), de Notre-Dame de Paris (p. 220-221). Tous les Français ont été justement révoltés du bombardement de certaine merveilleuse basilique par des obus incendiaires. Qu'ils apprennent, désormais, grâce aux dramatiques enseignements de la grande guerre, à ne plus jamais commettre eux-mêmes ou à ne plus tolérer le bombardement laïque, *le bombardement à la gomme à effacer*, contre les monuments augustes de la foi catholique et de la tradition française. Vraiment, la leçon est excellente, elle est topique, elle parle aux yeux. Vicaire à Paris, M. l'abbé Duplessy a visiblement un faible pour les Parisiens, dont il ne déteste pas le malicieux dialecte. En lisant avec fruit de telles pages du charmant volume, un Parisien dira joyeusement : *C'est tapé!*   YVES de la BRIÈRE.

HAUT LES CŒURS ! (Les larmes consolées, Chants d'épée), par M. le chanoine LAGARDÈRE. 2e édition. 1 vol. in-12. Prix : 2 francs.

Dans la première partie, *Les Larmes consolées : pour elles*, l'auteur suggère à la femme chrétienne les pensées qui peuvent non pas supprimer, mais adoucir ses larmes.

Puis, dans une seconde partie, *Chants d'épée : pour eux*, c'est tout ce qui peut donner à nos soldats l'élan et la vaillance : la patrie, le drapeau, les aïeux, les enfants, le sol natal, la foi, la prière, l'honneur, la fraternité d'armes, Notre-Dame, Jeanne d'Arc, la mère, l'épouse. Dans ces pages, l'élévation de la pensée le dispute à l'élan du cœur. M. le chanoine Lagardère a fait non seulement une belle œuvre, mais une bonne œuvre. Puisse la France ne pas l'oublier! (*Semaine religieuse* de Besançon.)

P. Téqui, libraire-éditeur, 82, rue Bonaparte, Paris-VI

Abbé M.-M. Gorse : ÉCHOS DE GUERRE (France et Kultur). 2º édit. In-12 de 504 pages. Prix : 3 fr. 50.

L'auteur ne cache pas son but. Il veut noter d'infamie les atrocités allemandes et en déshonorer les auteurs. Le livre à six chapitres. Dans le premier : Préparation de l'Allemagne à la guerre, il montre l'organisation de l'espionage, la pénétration pacifique du sol français et l'envahissement intellectuel.

Le second traite de la déclaration de la guerre et de la violation des pays neutres. Le troisième et le quatrième ont pour objet la bataille de la Marne, celles de l'Aisne et de l'Yser. Le cinquième : Que la France est belle! est le tableau réconfortant de ce qu'elle fait et de ce qu'elle souffre. Enfin le dernier chapitre est consacré, c'est le mot, au clergé pendant la guerre.

Mais ce livre, très bien écrit, n'est pas un tissu de phrases creuses, comme les discours de Viviani. Toutes les assertions sont documentées, établies, prouvées par des faits indéniables. Deux souffles contraires agitent l'âme du lecteur, d'une part l'indignation et la terreur contre les Boches, leur hypocrisie, leur fausseté, leur manque de sens moral; puis l'admiration, l'espérance, l'enthousiasme en face de l'héroïsme, des exploits, de la générosité et du dévouement des fils de la France. Personne ne se repentira d'avoir acheté ce volume et de l'avoir lu.

(Revue Mariale.)

A TRAVERS LES CHAMPS DE BATAILLE : MORTS ET IMMORTELS. Consolations à ceux qui pleurent, par l'abbé Paul DELBANT. In-12. Prix : 2 francs.

Une première partie nous fait méditer sur la mort, une autre sur les certitudes bienheureuses de l'immortalité; la troisième et dernière expose, pour la consolation des cœurs blessés, les espérances de salut communes à tous les chrétiens, et celles qui sont spéciales aux soldats morts pour la patrie. Les histoires, les anecdotes, les mots historiques rendent facile et attachante la lecture de ce livre, auquel Mgr l'évêque de Versailles, dans une préface élogieuse, souhaite une ample diffusion.

Joseph BOURÉE.

Du MÊME AUTEUR : **Confiance, ô France! Élévations au Sacré Cœur pendant la guerre.** Prix franco : 0 f. 40.

— **Commentaire sur le Miserere.** In-12. Prix : 2 fr.